Klartext

Hans Dieter Baroth

Streuselkuchen und Muckefuck

Unsere Kindheit im Ruhrgebiet

1. Auflage September 2003
Redaktion, Satz und Layout: Achim Nöllenheidt
Fotos: Hans Dieter Baroth
Gesamtausstattung: Klartext Verlag, Essen
Druck und Bindung: Himmer, Augsburg
© Klartext Verlag, Essen 2003
ISBN 3-89861-232-5

Inhalt

Knickelwasser an der Klümpkesbude

Seltersbuden waren meist aus Holz, grün gestrichen, mit romantisch verspielten Spitzgiebeln, einem kleinen Verkaufsfensterchen, davor ein Holzbrett als schmale Theke. Mineralwasser hieß grundsätzlich Selters, daher kam der Name der Buden. Süße Getränke mit Kohlensäure nannten wir Brause, die wurde in Glasflaschen und zusätzlich in Tütchen als Brausepulver verkauft. Es gab sie in verschiedenen Geschmacksrichtungen. Zu dem Pulver ließen wir Wasser aus dem Wasserhahn in ein Glas laufen, und fertig war die Brause. Gern nahmen wir auch eine Prise Brausepulver in die gekrümmte Handfläche, spuckten darauf oder taten ein paar Tropfen Wasser dazu. Das Pulver gärte auf und es kribbelte in der Hand. Über einige Mädchen wurde erzählt, sie würden auf dem Rücken liegend Brausepulver und Wasser in die leichte Vertiefung des Nabels geben, das nachfolgende Prickeln sei ihr Vergnügen. Was wir Jungen absolut nicht verstanden, denn jeder leckte die feuchte Brause gern aus seiner Hand. Die kamen doch mit ihrer Zunge nicht an den Nabel! Brause wurde auch geliefert in besonderen Glasflaschen, deren Verschluss aus einem Knickel bestand. Knickel oder Knicker waren runde kleine Kugeln aus Glas, die zum Spielen waren meist farbig. Der Verschluss wurde mit dem Daumen nach unten gedrückt, er blieb unterhalb des Flaschenhalses stecken, aber so, dass nun das süße Getränk herauslaufen konnte, wenn wir die Pulle an den Hals setzten. Knickelwasser wurde diese Brause genannt. Größere Burschen tranken auch schon mal ein dunkles Bier, das ebenfalls süß schmeckte und kaum Alkohol hatte. Das angeblich gesunde Gesöff wurde auch als Mutter-und-Kind-Bier verunglimpft.

Die Selters- oder Klümpkesbude war die Stätte kleiner Preise. Hier gab es für einen Pfennig mindestens ein Klümpken. Den Begriff Bonbon führten nach dem Krieg die Flüchtlinge ein. Die Dauerlutscher kosteten einen Fünfer, später einen Groschen, sie waren rot oder grün, hatten die Formen von Männchen oder einem Hahn sowie einem Nikolaus im Winter. Kam eine Tante zu Besuch oder die Oma, reichten ihre kleinen Geldgaben für einen Einkauf des Kindes an der Klümpkesbude immer. Vielleicht sagte deshalb meine Mutter, wenn sie mal in guter Stimmung war: „Eine Kinderhand ist leicht gefüllt." Oder: „Wer den Pfennig nicht ehrt ..."

Die erste Coca-Cola aber trank ich nicht an der Bude. Während einer Radtour zu Verwandten legte meine Mutter mit mir eine Pause vor einer Gartenwirtschaft ein. Sie bestellte nicht etwa gelassen eine Cola oder Coca, nein sie sagte: „Bitte zwei Coca-Cola." Die schmeckte, als hätte ich mit der Zunge über rostiges Eisen geschleckt. Aber ich behauptete, sie sei hervorragend, weil die Mutter das hören wollte. Ein Nachbarmädchen war hinter Coca-Cola her und trank sie mit Genuss, weil ihre Mutter behauptete, die sei zu süß und ungesund. Bluna und Sinalco waren für uns Brause, Coca-Cola nicht. Später, bei den ersten unbeholfenen Tanzschritten, wurde das Leben gekrönt mit einer Mischung von Sinalco und Eierlikör in einem Glas.

An der Seltersbude wurde auch Bier verkauft. Kamen die Männer von der harten Arbeit aus dem Pütt oder vom Hochofen, dann „zischten" sie schon mal eine Selters oder eine Flasche Bier. Die Bierflaschen hatten einen Schnappverschluss, der mit einem Schlag des ausgestreckten Zeigefingers geöffnet wurde. Das Bier zischte dann manchmal wie eine leichte Fontäne aus der Flasche, blitzschnell wurde sie an den Mund gesetzt.

Von der Klümpkesbude kamen Informationen, bei denen kein Lokalblatt mithalten konnte. War einer Stunden vorher gestorben, dann hieß es, der habe den Löffel weggelegt. Es wurde aktuell berichtet, welcher Nachbar überraschend ins Krankenhaus gebracht worden war und wer am Sonntag mal wieder „die Möbel gerade gerückt hatte" oder welcher Stenz mit welcher Ische ging. Besonders beliebt waren aber die Todesnachrichten: „Stell dir vor, wer gestern gestorben ist?" Einer sagte dann vielleicht: „Wieso, kann ich wählen?" Kommentiert wurde die Nachricht oft mit dem Nachruf: „Besser der als ich." War eine verheiratete Frau verschieden, dann hieß es, sie sei ihrem Mann „weggestorben". Da war gegen die Verblichene schon ein Vorwurf herauszuhören. Als einer im Suff seine Frau erstochen hatte, hieß es an der Seltersbude, er habe sie „abgestochen". Das aufmerksame Kind bekam Lebensweisheiten mit wie: *Hilf dir selbst, dann hilft dir Gott*. Mit dem kleinen Löffel schmeckt es länger. Oder die unverstandene Nachricht: *Frau Schlotterbeck geht fremd. Alle wissen es, nur Herr Schlotterbeck nicht*. Selbst die Bibel wurde beim Bier zitiert: *Auge um Auge, Zahn um Zahn*. Über die Arbeit war gereimt worden: I*st die Kohle weich wie Mist, dann macht der Stachu Überschicht. Und ist die Kohle hart wie Stein, dann nimmt der Stachu Krankenschein*. Bergleute sagten auch schon mal nachdenklich: *Vor der Hacke ist es duster*.

Wer zwischen Feierabend im Betrieb und Heimkehr in die kleine Wohnung mehr als eine Flasche Bier trank und deshalb längere Zeit am helllichten Tag vor der Seltersbude stand, wurde schon mal Säufer genannt. Trunkenbold sagte niemand. Diese Männer waren in besserer Stimmung als ihre Kollegen, die direkt nach Hause gingen. An der Seltersbude lernten wir unsere erste Lyrik an der Weiterdichtung oder Veränderung von Reklamesprüchen. *Vater und Sohn trinken Union, nur der eine Flegel, der trinkt Schlegel.* Auch: *DAB heißt Doktor Adenauer betet.* Aufmunternd wurde behauptet: *Von Ritterbier da steht er dir, und von DAB da wird er schlapp.* Augenzwinkernd zitierten die Männer den Reklametext: *Aus gutem Grund ist Juno lang und rund.* Und zum ersten überwiegend aus Pappe gebauten Auto sagten die Männer: *Wer den Tod nicht scheut, fährt Lloyd.* Aber auch tatsächliche Werbesprüche gehörten zu unserem Sprachschatz. *Bochums Dreiklang merk ihn dir: Eisen, Kohle, Schlegelbier*, und *Ob Kumpel oder Diplomat, ein Schlegelbier nach jeder Tat*.

Als wir größer waren, eröffnete ein Kleinstunternehmer am Markt eine Würstchenbude, die wir Würstchenstand nannten. Die Bude war ein Bretterverschlag mit einer Zeltplane darüber, in der Mitte eines Karrees aus Holztheken brutzelte die Wurst auf einem Grill. Wenn wir uns etwas leisten wollten, hieß es schon mal, wir gehen an den Würstchenstand. Das geschah oft an Sonntagen. Es gab die erste Cola in Dosen an der Würstchenbude. Nach einem Jahr bekam der Rostwurstbrater Konkurrenz von einem, der halbe Hähnchen grillt verkaufte. Dessen Angebot wurde von uns schon als Luxus gesehen. Zumal so manches Kind Rostbratwurst als Rossbratwurst begriff. Dies bedeutete die Endzeit für die Klümkesbuden. Essen wurde von denen nicht angeboten. Die grünen Häuschen mit den kleinen Verkaufsfenstern verschwanden, ihnen folgten Imbiss-Stände. Dieser Wechsel begründete eine eigene Tradition: Noch heute wird beim Bürgertum zu einem Büfett eingeladen, in der Arbeiterbewegung, beim Kleingartenverein oder unter Sozialdemokraten, steht in den Einladungen, ein Imbiss werde gereicht.

Duisburg 1968

Zeche Nordstern in Gelsenkirchen, 1976

Duisburg-Marxloh, 1968

Hütte Rheinhausen, Duisburg 1962

Zeche Königsborn III/IV, Unna 1983

Von Belgiern und Füchsen

Der Spediteur transportierte sperriges Gut zu den Empfängern in der Siedlung mit Pferd und Wagen. Die Pflüge der Landwirte an den Rändern der Städte wurden von Gäulen über die Felder gezogen. Dicke gemütliche Tiere leisteten diese Arbeit, Kaltblüter oder Belgier genannt, mit riesigen Mähnen, runden Schenkeln und auch etwas rundlichen Köpfen. Der Milchbauer lieferte am Morgen mit einem Pferdewagen an, ebenso fuhr der Bäcker seine Brote zu jedem Kunden. Deren Tiere waren auffällig hoch gewachsen, sie standen am Straßenrand vor Wagen mit hohen geschlossenen Aufbauten. An das Fuhrwerk des Bäckers war schwungvoll gepinselt worden: *Henning-Brot.* Was die Volkslyrik mit der Zeile bedachte: *Henning-Brot macht kleine Kinder tot.* An der Seltersbude gehörte dieser Spruch zum Bildungsgut. Eine Eisverkäuferin kutschierte an den Sommertagen ihren Wagen von einem Pony gezogen durch die Kolonie. Vorn zuckelte das kleine stoische Pferdchen, der Karren dahinter hatte einen Baldachin. Zwei hellmetallene Eisbehälter waren in dem Wagen versenkt. Hinten stand auf einer kleinen Plattform die Eisverkäuferin. Die Pferdeleine war über den Eiswagen gespannt.

Unsere Deputatkohlen wurden aus zweirädrigen Pferdekarren auf die Straße gekippt. Hütten und Bergwerksbetriebe unterhielten eigene Pferdeställe. Als während der Kriegszeit im Winter ein Lieferant von Deputatkohlen die Hufe des Pferdes nicht richtig hatte beschlagen lassen, verwarnte ihn die Polizei. Als Beruf gab er dem Polizisten „Gaulführer" an. Im Deutschen Reich gebe es nur einen Führer, herrschte der Uniformierte den ver-

dutzten Mann an, er sei Gauleiter. Wenn wir von Pferden sprachen, waren sie Gäule oder Zossen.

Wer umziehen musste, konnte als Familiengründer seine wenigen Möbel auf einem Karren selbst von einem zum anderen Haus ziehen. Ein Ehepaar mit Kindern lud das Hab und Gut auf einen Pferdewagen. Männer galten als kräftig, wenn sie zu viert einen Herd von Küppersbusch vom Wagen in die neue Wohnung wuchten konnten, ohne ihn besonders oft absetzen zu müssen.

Im Frühjahr befuhren die Bauern aus der Umgebung die Straßen in den Siedlungen mit auffällig flachen geschlossenen Kastenwagen. Darin lagen in Stroh rosafarbene Ferkel und pennten. Auf der Straße wurde vor den Ohren der Nachbarn verhandelt, was denn das Jungtier, das sich einige schon als kräftiges Schlachtschwein vorstellten, kosten sollte. Der Landwirt lobte das Ferkel, der Kaufwillige mäkelte daran herum und klagte, was er noch an Futter aufbringen müsste, „bis das reif ist". Nach für uns unterhaltsamen Verhandlungen einigten sich die beiden per Handschlag, der Bauer griff in die Lade des Wagens, auf seinem Arm trug er ein zappelndes und quiekendes Ferkel in den Stall, aus dem es erst am Schlachttag als gemästete Sau wieder heraus kam. Danach zog sein Zossen den Wagen bis zur nächsten Straße. Die Einkellerungskartoffeln lieferten die Landwirte auch im Pferdewagen.

Eine Flöte quer vor den Mund haltend blies der neben seinem Gaul gehende Altwarenhändler eine eingängige Melodie. Er zog an bestimmten Wochentagen mit seinem Pferdewagen durch die Straßen. Die Blagen brachten ihm Eisenreste oder verbogene Bleche, auch Lumpen, der Mann zahlte dafür mit Pfennigen. Und den Pfennig hatten wir zu ehren. Es sagte aber keiner Altwarenhändler – er war der Klüngelskerl oder Klüngel-Peter, leicht westfälisch verändert auch Klüngels-Pit gerufen.

Wer grüne Hochzeit feierte und in Weiß heiratete, legte sich lange krumm, um für die Fahrt zur kirchlichen Trauung eine Hochzeitskutsche zu mieten. Von der Kirche hielten viele nichts, aber Kommunion, Konfirmation und Hochzeit vor dem Traualtar waren guter Brauch. Die Zossen vor der Hochzeitskutsche waren meist hochbeinige unruhige Tiere. Es hieß, sie seien Füchse. Was ein Wallach war, wussten wir nicht. Der Kutscher saß in einer Tracht hoch oben auf dem Bock. Er trug einen hellen Zylinder. Die Blagen nannten seine Aufmachung Uniform.

Auf ihrer letzten Fahrt wurden die Menschen von Pferden zum Friedhof gezogen. Die Körper der Gäule waren mit schwarzen Tüchern verhängt, schwarze Federbüsche schmückten ihre Köpfe, schwarz waren auch die Kleidung des Kutschers und sein Zylinder, auf die Seiten des schwarzen Leichenwagens waren weiße Palmen gemalt worden. Die Kinder standen an den Straßenrändern, wenn der Sarg aus dem Haus getragen wurde. Es gab eine ungeschriebene Regel, welche Nachbarn die anderen mündlich informierten, wer gestorben sei und wann „die Bestattung" stattfinde. Sonst sprachen sie nicht von Bestattungen, sondern von Beerdigungen. Todesanzeigen waren zu teuer. Es stand auch fest, welcher Nachbar aus den Häusern rechts und welcher links vom „Trauerhaus" Sargträger sein musste. Als die Leichen nicht mehr in den Wohnungen aufgebahrt werden durften, schaffte man die Pferde ab. Von der Leichenhalle bis zum Grab zogen nun die Nachbarn den Toten auf einem mit Tuch behangenen Wagen, der auf Gummirädern lief.

Ende der fünfziger Jahre verschwanden die Pferde aus dem Straßenbild. Der Spediteur hatte sich einen Opel-Blitz angeschafft, der Milchbauer fuhr mit einem dreirädrigen Auto vor, der Bäcker legte sich ein Auto als Lieferwagen zu. Sogar die Kohlen wurden mit Lastwagen geliefert. Die Betriebe schlossen ihre Pferdeställe. Auf den Feldern zogen Traktoren die Pflüge. In der Zeitung stand, dass die Pferdemetzger kaum noch Tiere bekämen. Hochzeitskutschen waren noch einige Zeit erwünscht, ab Ende der 60er Jahre galt es als fein, sich mit einer Limousine zur Kirche fahren zu lassen. Über die Verbreitung des Autos wurde erzählt: Ein Kunde findet in seiner Bratwurst eine Schraube. Er beschwert sich beim Würstchenbrater. Sehen Sie, soll der gesagt haben, das Auto verdrängt das Pferd überall.

Gelsenkirchen, 1983

*Autorennen am
Schalker Verein,
Gelsenkirchen 1982*

Duisburg-Hochfeld, 1966

Duisburg-Hamborn, 1971

Straßenfeger und Rasiersitze

Das erste Radio war ein schwarzer Kasten, in dessen Mitte eine kreisrunde Fläche mit einem grauen Tuch bespannt war; es hieß Volksempfänger. Er lief noch mit Akkus; für das Wiederaufladen wurden die auf dem Gepäckträger des Fahrrads zum Radiohändler transportiert. Bücher las bei uns kaum einer. Romane waren aber als Fortsetzungsgeschichten aus den Tageszeitungen bekannt. Eine Tante schnitt jede Folge aus, war das Ende erreicht, wurden die Beiträge zusammengerollt und mit einem roten Gummiband gesichert. Insbesondere vor dem Zugriff der Jüngeren, wenn es Liebesromane waren. Über eine Frau erzählten die Alten, sie lese Schmöker aus der Leihbücherei. Wir saßen an den Abenden vor dem schwarzen Radio und hörten Musik oder Hörspiele, Nachrichten und Wettervorhersagen interessierten meistens nur die Erwachsenen. Sie überprüften die Prognosen am nächsten Tag; meistens verlor der Mann vom Rundfunk mit seinen Prophezeiungen. Dem Volksempfänger folgten Radios mit Skalen an der Vorderseite, auf denen Sender gesucht werden konnten. Beromünster hieß ein Sender. Uns bekannt war aber nur Münster in Westfalen. Dass gewisse Kirchen auch Münster genannt werden, erfuhren wir später in der Schule. Der neue breite braune Kasten hatte ein grünes magisches Auge neben der Senderskala. Es gab die ersten Straßenfeger – wenn die Kriminalhörspiele *Paul Temple und der Fall ...* ausgestrahlt wurden, konnten wir im Sommer die unverkennbare Stimme von René Deltgen durch die geöffneten Wohnungstüren fast aller Nachbarn hören. Der Schauspieler sprach den englischen Kommissar Temple.

Nach den Radios wurden Plattenspieler angeschafft. Auf die einfachen folgten solche, die zehn schwarze zerbrechliche Schallplatten hintereinander mechanisch auflegten und abspielten. Wer ein Mädchen verführen wolle, sagten die Erwachsenen, brauche einen Zehnplattenspieler, weil er bei einem einfachen nach jedem Musikstück von der Couch müsse, dann komme er nie zum Zuge. Diese Erwachsenenlogik blieb den Kindern unzugänglich.

Lichtspiele, Schauburg, Odeon, Capitol oder Lichtspielhaus waren die Namen der Kinos als große Konkurrenten der Radios. Liefen an den Nachmittagen der Sonntage um 14 Uhr Märchenvorstellungen wie *Frau Holle* oder *Der gestiefelte Kater*, standen trotz Einheitspreis die aufgeregten Kinder schon um 12.30 Uhr kreischend in Schlangen vor dem Kino. Als wir später „richtige" Filme sehen durften, lösten wir jeweils einen Rasiersitz. So wurde ein Platz in den ersten Reihen im Kino genannt, weil der Besucher derart nahe vor der Leinwand saß, dass er seinen Kopf leicht nach hinten legen musste wie beim Friseur ein Kunde, der rasiert wird. Die ersten Reihen kosteten 70 Pfennige, in der Mitte folgten Plätze für neun Groschen, die von den Erwachsenen gekauft wurden, und hinten die Loge kostete 1,20 DM. Sperrsitze hießen die teuren auch, inoffiziell Fummelplätze. In der Nähe von Bahnhöfen wurden die Lichtspielhäuser als Fummelkinos bezeichnet, was offensichtlich abwertend gemeint war. Die Zuschauerräume waren leicht abschüssig gebaut, damit die Besucher hinten auf den teureren Plätzen über die Köpfe jener sehen konnten, die auf den Rasierplätzen saßen. Diese Schräge hatte einen weiteren Vorteil: Wer mal musste, würde wichtige Szenen verpassen. Deshalb wurde der Gang zur Toilette vermieden. So ließen einige auch schon mal während der Vorstellung ihr Wasser ab. Die Jungen schoben sich auf ihrem Platz nach vorn, urinierten plätscherfrei an die hölzerne Rücklehne des Vordersitzes, das Wasser lief geräuschlos auf den Boden und floss nach vorn. Es war nicht selten, dass wir als Kinder und Jugendliche in einem Rudel bis zu sieben Kilometer zu Fuß in eine andere Gemeinde pilgerten, um dort einen Wildwestfilm eher zu sehen als in unserem Ort.

Die Helden der Eltern waren Jenny Jugo und Männer wie Hans Albers und Harry Piel, über den sie lästerten: *Harry Piel saß am Nil, er wusch seinen Stiel mit Persil.* Piel wurde auch in einer Anwandlung von Ironie *Rächer der Enterbten* genannt. Unsere Helden waren John Wayne, der reitende knallharte Cowboy, weniger der ruhige und coole Gary Cooper. Waren die unvermeidlichen Liebesszenen auf der grob flimmernden Leinwand zu sehen, buhten die Halbwüchsigen, schauten weg oder redeten laut miteinander bis zur nächsten ersehnten Verfolgungsjagd. Von den Frauen fand nur Adele Sandrock Gnade vor unseren Augen, weil sie männlich durchsetzungsfähig und herrisch auftrat. Vor der kuschten Männer wie einige Nachbarn vor ihren resoluten Ehefrauen. Süchtige Kinogänger wurden wir in der Schwarzweiß-Zeit. Die ersten Farbfilme nannten wir Buntfilme oder Filme in bunt. Aus den USA kamen verfilmte Revuen mit langbeinigen tanzenden Girls, die uns durchweg langweilten. In den Heimatgeschichten mit Sonja Ziemann und Rudolf Prack interessierten die jüngeren Zuschauer vor allem die Alpen im Hintergrund, die höher waren als unsere Halden im Ruhrgebiet. Unnatürlich erschien, dass aus dem Hintergrund meist schwülstige Musik zu hören war. Wir blieben bei *Zorro dem Rächer.*

Ein Höhepunkt war der zweiteilige Film *Das indische Grabmal.* An einem Sonntag lief der erste Teil, eine Woche später der zweite. Zwischen den Sonntagen wurden leere Bierflaschen gesammelt oder Senfgläser, für deren Rückgabe es jeweils 20 Pfennige beim Kolonialwarenhändler gab, mit diesen Einnahmen finanzierten wir den Besuch der Fortsetzung. Fast jeder der Heranwachsenden freute sich eine Woche lang auf den zweiten Teil am kommenden Sonntag. Wir litten mit La Jana, der schwarzhaarigen Schauspielerin, die glaubhaft eine Inderin darstellte, keiner von uns kannte eine leibhaftige. Mein Vater sagte, *Das indische Grabmal* sei ein Schinken, der Pfarrer behauptete, in Indien hätten die Menschen nichts zu essen. Kintopp, wie die Alten sagten, bedeutete auch Bildung: Wir erfuhren so den Unterschied zwischen Indianern und Indern. Es waren die fernen Welten, die uns in Spannung versetzten. Erst bei Horst Buchholz und Karin Baal sahen wir uns in dem Epos *Die Halbstarken* erstmals wie selbst auf der Leinwand – das waren ja wir!

Platzanweiserin in einem Kino war ein Traumberuf der Mädchen, weil die während der Arbeitszeit umsonst Filme sehen konnte. Jungen träumten anders, sie wollten selbst Helden auf der Leinwand werden oder Schlagersänger, notfalls nur Filmvorführer. Platzanweiserinnen waren unbeliebt. Sie galten als hartherzig, weil sie bei Filmen ab 14 oder 16 streng darauf achteten, dass keiner unter dieser Altersgrenze ins Kino kam. Da sie aus der Gegend stammten, kannten sie die meisten Blagen und wussten, wie jung die noch waren. Auch die Frau an der Kasse hatte ein Herz aus einem Feldstein, denn sie verkaufte keine Karte, wenn der Bursche als zu jung eingestuft wurde. War sie mal überlistet, endete der positive Betrugsversuch bei der Platzanweiserin. Wie gern wären wir damals alt gewesen. Einmal beschimpfte ein Nachbarjunge diese Frauen in dem Lichtspielhaus, für sie gäbe es noch Heulen und Zähneknirschen, wenn wir alle unser Kino zu Hause hätten. Das Fernsehen war zu diesem Zeitpunkt noch ziemlich unbekannt. Einige hatten aber schon vor Schaufenstern stehend auf schwarzweißen winzigen Fernsehbildschirmen im Radiogeschäft undeutlich die Übertragung der Krönung von Britanniens Königin gesehen. Platzanweiserinnen kannten die Filme, deshalb wussten sie auch, wann die letzten Meter im Filmgeber lagen. Unsensibel rissen sie schon Minuten vor dem verhassten Wort Ende oder The End vorn auf der Leinwand an den Seitenausgängen die Vorhänge laut nach hinten. Dieses Geräusch wurde empfunden wie ein grausames Signal, dass unser Vergnügen endlich sei. Eine der Frauen stellte ihr Fahrrad unterhalb der Leinwand ab. Weil der Schlauch wohl über die Jahre porös geworden war, pumpte sie ihn kurz vor dem Ende laut atmend auf. Wir hassten sie, denn wir wünschten uns den unendlichen Film.

Auf der Straße spielt das Leben

Viele Lebenserfahrungen machten Kinder auf der Straße. Unsere war zwei Fußballfelder lang, rechts und links an ihr standen gleichförmige graue Häuser. Dahinter lagen winzige Ställe für ein Schwein und einige Karnickel sowie eine Waschküche für alle Bewohner, danach kamen schmale Gärten für die Mieter. Das Wohngebiet wurde Kolonie genannt. Am Beginn der Straße gab es zwei Kolonialwarenläden, die irgendwann als Lebensmittelgeschäfte bezeichnet wurden. Sobald es die Witterung erlaubte, verließen die Blagen ihre engen dunklen Wohnungen und hielten sich auf der Straße auf. Hier spielte das Leben, wie die Mutter später oft sagte.

In brauner Uniform kam der einzige Nazi an den Abenden zurück vom Parteibüro. Er wurde als Goldfasan verspottet. Einige behaupteten, er sei Nazi, weil seine Frau keine Kinder bekomme. Nach dem Krieg war er Chef einer Schützenkompanie. An einem Sommertag sah ich den ersten Betrunkenen von unten unsere Straße hoch torkeln, gestützt von hilfsbereiten Nachbarmännern und umjohlt von einer Schar ausgelassener Kinder. Gelegentlich wollte der Betrunkene, ein Maurer, mit einer Handbewegung die Blagen verscheuchen wie lästige Insekten. Sein Verhalten sei unerhört, schimpfte meine Mutter, „und das am helllichten Tag". Deshalb glaubte ich viele Jahre, wenn es nicht hell sei, dürften Männer betrunken sein. Der Besoffene, wie einige ihn nannten, redete, langsam sprechend, mit seinen Begleitern, bis er in seiner Wohnung am oberen Ende der Straße verschwunden war.

Im Krieg wurden über die Straße Gruppen von Gefangenen wie Schafherden, von Hunden umzingelt, zur Zwangsarbeit getrieben. Über sie hasteten in der Endphase des Krieges auf der Suche nach Deckung die Kesselwagen der Wehrmacht mit mageren und ungepflegten Soldaten darin. Ihnen folgten mit rasselnden Ketten die Panzer der US-Armee, dann Jeeps mit gut genährten und sauber gekleideten Soldaten darin, die lässig in ihren Sitzen hockten. Nach ihnen kamen britische Soldaten in ihren Armeelastwagen. „Die mit die platten Helme", wie ein Mann aus demselben Haus sie beschrieb.

Wenn die Männer nach der schweren Arbeit vor den Häusern saßen und zur politischen Lage sprachen, was die Mutter ärgerlich als politisieren kritisierte, hießen die Briten der Tommy, Politiker in den USA der Amerikaner, die Sowjets der Russe, und wir oder sie waren der Deutsche. An einem Abend im Sommer liefen Kinder einem hageren Mann jubelnd entgegen. Er war ihr Vater, der aus der Gefangenschaft entlassen worden war. Die einst grüne Uniform hing zerschlissen am Körper, der Mann war zum Skelett abgemagert. Ihm folgten über Jahre immer wieder Väter oder erwachsene Söhne in ähnlich ärmlichem Zustand aus fernen Gefangenenlagern. „Was haben die aus unseren Soldaten gemacht", sagte dann mein Vater, der nie Nazi war. Wie auch ein Kommunist im Hause, dessen Sohn laut weinte, weil er wegen der ortsbekannten Überzeugung des Vaters nicht in die Hitlerjugend aufgenommen wurde.

Wenn es die Witterung zuließ, öffneten die Erwachsenen die Wohnungs- und Haustüren sehr weit, so dass zu hören war, wenn einer seine Frau kritisierte, Blagen beschimpft oder verprügelt wurden, der Rühr – so wurden Köter genannt –

zum Fressen heran gepfiffen oder von Menschen mit Genuss das Essen aus dem Teller gekratzt wurde. Einige Häuser weiter oben war der Familienvater fest davon überzeugt, wenn er nach dem Essen des Sonntagsbratens einige Male hoch springe und auf beiden Füßen lande, setze sich der Inhalt seines Magens und er habe dort mehr Platz für den so begehrten Pudding. Hörten wir ihn springen und dumpf aufkommen, sagte meine Mutter immer wieder: „Der macht Platz für den Nachtisch." Ein Mann von nebenan suchte verzweifelt seine Brille. Als der Sohn aus dem Schlafzimmer fragend rief, ob er die nicht gerade trage, war sie sofort gefunden; er hatte sie auf der Nase sitzen. Eine Brille zu suchen, wenn man sie trägt, galt für mich als Inbegriff von Trotteligkeit. Des Brillenträgers kluger Sohn Helmut hörte auf den Spitznamen Ätsch. Nebenan der Taubenzüchter Heinz war der Pingo. Karl-Heinz wurde Fänna, Friedhelm Luwi, Karl nur Kallo gerufen. Das Mädchen Marianne aus demselben Haus hörte auf Panne. Wie Tutti von gegenüber tatsächlich hieß, erfuhr ich nie, ihr Bruder Ernst reagierte auf den Zuruf Eule. Selbst eine erwachsene, schon grauhaarige Frau hatte einen Spitznamen, denn alle sprachen sie mit Kaschka an; sie und die Behörden werden den richtigen Vornamen gekannt haben. Dass ein gelernter Metzger Grützwurst geheißen wurde, fand nicht einmal der bösartig. Es war eine Seltenheit, wurde jemand auf der Straße mit seinem so genannten Taufnamen gerufen. Drei Häuser von unserem Koloniehaus entfernt riss der Ehemann stets pünktlich um 19 Uhr die Haustür auf und brüllte in Richtung Straße: „Rum mit der Katz, wer hat's, der hat's." Auch im Winter. Dann fiel der helle Lichtstrahl aus seiner Wohnung wie ein Scheinwerfer auf die Wand des Hauses gegenüber. Alle konnten nach dessen pünktlichem Ruf ihre Uhren stellen. Der dicke Nachbar am Ende der Straße ließ, wann er wollte, laut seine Blähungen ab. Stand er vor dem Haus, wechselten die Frauen zum Bürgersteig auf die andere Seite.

Es war bekannt, wer besonders geschickt schusterte und noch völlig ausgelatschte Treter reparierte. Ein Mann konnte, woran wir lange glaubten, zaubern, ein anderer spannende Geschichten aus dem Alltag erzählen. Ein Katzow – wie Metzger auch genannt wurden – war beliebt, weil er beim Schwarzschlachten mit einem gekonnten Schnitt dem Schwein die Kehle so durchtrennte, dass selbst ein denunziatorischer und damit böser Nachbar nichts hörte. Kinder glaubten, es hieße schwarzschlachten, weil das Abstechen und Verwursten in der Nacht geschah. Als einem Schwarzschlächter dessen Verwandte ein halbes Schwein aus dem Keller stahlen, konnte der sie nicht einmal anzeigen. Er blieb mit ihnen verfeindet bis zu deren seligem Ende. Nicht nur Schuster, Schneider, Metzger oder Schreiner waren gefragt, auch begabte Musiker wurden umworben. Sie spielten auf zur Hochzeit. Zu Anfang für einige Gläser Eingemachtes und Mettwürste von der Hausschlachtung – so die Bezeichnung bei der Tötung des Schweines im Hellen vor aller Augen –, später für Geld. Weil Erwachsene das Akkordeon auch Trecksack nannten, erzählte ich viele Jahre, der Freddy Becker spiele Drecksack.

Das Jahr wurde auf der Straße verabschiedet und das neue dort begrüßt. Zur Vorbereitung stahl ein Trupp älterer Burschen dem Milchbauern routiniert eine leere metallene Kanne entweder vom Wagen oder aus seinem Haus. Einige lenkten den Mann vor seinem Pferdewagen mit Gesprächen ab, lautlos und äußerst sicher griff einer zu und verschwand mit der Beute. In den Boden der Kanne schlugen die Jungen mit einem Meißel Löcher.

Einige Väter besorgten den Halbwüchsigen Karbid, das sie auf dem Pütt oder im Werk mitgehen ließen. Organisieren hieß diese Art von Diebstahl. Das Karbid wurde in das unterste Drittel der Milchkanne gefüllt. Aus abgefahrenen profillosen Fahrradreifen bastelten die Heranwachsenden Fackeln, die in der Silvesternacht lange, intensiv stinkend, brannten. Die Erwachsenen feierten meist zu mehreren Familien in den Wohnungen bei einigen Kästen Bier und Kartoffelsalat, der zuvor in einer Zinkwanne schweißtreibend von mehreren Frauen hergerichtet wurde. Die Würstchen schwammen im Wasser des Waschkessels, der auf dem Küppersbusch-Herd stand. Draußen sorgte das Rudel von Blagen für die Silvesterknallerei. Jeder aus der Truppe durfte einmal im Fackelschein oben durch die Öffnung in die einstige Milchkanne urinieren. Wer einen strammen Strahl hatte, bekam Beifall von den Jungen und Mädchen. Der Deckel wurde auf die Kanne geklemmt, die dann waagerecht auf den Asphalt gelegt. Einer der Heranwachsenden hielt eine Fackel an die Löcher im Boden, mit einem lauten Knall explodierte der Inhalt und der Deckel sauste in die Dunkelheit. Laternen standen nicht in der Straße. Er wurde gesucht, gefunden, wieder hieß es: Wasser lassen. Neigte sich das Jahr dem Ende zu, hatten die Jungen keinen Druck mehr. Bis zum Jahreswechsel und auch für den ersten Knall im neuen Jahr sorgten die Mädchen für die Flüssigkeit. Jedes Jahr klagte jener, der die Kanne hielt, die zielten ungenau. Ich begriff lange nicht, warum wir Kleinen weggedrängt wurden, wenn sich die hübschesten Nachbarinnen über den Kannenhals hockten und die Größeren um sie eine Sichtblende bildeten. Um Mitternacht verließen die Alten ihre Wohnungen und gingen auf die Straße, die Männer hielten Bierflaschen in den Händen, sie jubelten und drückten dabei auch schon mal einem bisherigen Feind aus der Nachbarschaft die Hand.

Duisburg, 1969

Siedlung Eisenheim,
Oberhausen 1979

Zeche Königsborn,
Unna 1984

Liebesromane und Aktive

Wenn es ein Eintopf mit Wurst gab, schob ein Nachbarjunge sie mit dem Löffel an den Rand des Tellers, weil er das Endchen als Höhepunkt zuletzt essen wollte. Der Bursche kam aber selten dazu. Die Wurst blieb so lange am Rand liegen, bis er mit Suppe satt abgefüllt war und sie nicht mehr verdrücken konnte. Wie ein geduldiger Angler saß sein Vater ihm während des Essens am Küchentisch gegenüber. Der Alte aß am Ende mit Genuss zusätzlich das Würstchen des Sohnes, seines hatte er mit dem Eintopf vorher gemampft.

Gegessen wurde in den Bergmannswohnungen grundsätzlich in der Küche an einem Tisch, der meist mitten in dem Raum stand. Außer der Wohnküche hatten wir nur noch ein Schlafzimmer. Das Klo befand sich auf der Etage und wurde auch von den Hausgenossen benutzt. Fast alle Nachbarn wohnten so. Mutter und Vater schliefen in einem Bett, die Kinder in dem zweiten. Gehörten mehr als zwei Blagen zur Familie, wurde das kleinste Kind auch schon einmal quer ans Fußende bugsiert.

Eine Frau verlebte glückliche Stunden dann, wenn sie in der Küche zwischen ihrem Küppersbusch-Herd und dem versessenen Ledersofa am Tisch saß, sich eine Tasse Bohnenkaffee gönnte und Liebesromane aus der Leihbücherei las. Ihre drei Kinder spielten auf dem Hof oder der Straße mit denen der Nachbarn, der Mann malochte. Die Frau hinkte. Wollte sie mal ein Kind verprügeln, raste das unter dem Küchentisch hindurch und kroch unter das sperrige Sofa. Dort lag es hinten an der Wand auf dem Bauch, unerreichbar für die wütende Mutter. Hatte sich ihr Zorn gelegt, robbte die Blage langsam, die Lage witternd, wieder hervor.

Daher kenne ich den Begriff „als die Luft rein war". Das Glück ihres Mannes: Eine Tasse „richtiger Kaffee" und dazu eine „Aktive". Ansonsten gab es Muckefuck, sprachlich verfeinert Blümchenkaffee genannt, der Bohnenkaffee war „richtiger Kaffee". Die Väter rauchten Pfeife oder drehten sich mit Pfeifentabak ihre Zigaretten. Eine Zigarette aus der Schachtel von der Fabrik wurde als Aktive bezeichnet. Die Marken der Nachkriegszeit waren Collie und Texas. Sprudel oder Selters konnten sich die Eltern nicht leisten. Getrunken wurde Wasser aus dem Hahn, der Kran genannt wurde, sein Getränk hieß deshalb Kraneberger. Wenn die Mutter eine Tasse richtigen Kaffee getrunken hatte, wurde eine Kanne Muckefuck aufgesetzt. Der erkaltete in der metallenen Kanne, die im Sommer an der Kante des unbeheizten Herdes stand. Wer gegen die Hitze des Sommers kämpfte, nahm einen Schluck kalten Muckefuck. Der Dürstende trank aus der Kanne.

Die Nachbarin war in praktischen Dingen sehr begabt und hilfsbereit: Aus Stoffresten gestaltete sie Puppen, Löcher in den Hosen verstand die Frau so zu flicken, dass nur kundige Augen die Stelle noch erkannten, einmal stärkte sie Tütenpapier und machte daraus für ihre Kinder und die der Nachbarn Zwergenmützen, weil sie auf dem Hof *Schneewittchen und die sieben Zwerge* spielen wollten. Aus wenigen Zutaten buk sie reichhaltig Gebäck, das wir Plätzkes nannten. War mal eine Mutter krank, wurde ihr Nachwuchs mittags nach nebenan geschickt. Es kam dann ein Teller mehr Eintopf aus dem großen Topf hinzu. In der gesamten Siedlung waren die Menschen sofort informiert, wenn jemand krank war, sie wussten auch alles über die Krankheit. Gelegentlich tuschelten die Erwachsenen nur über das Leiden einer Frau. Schwangerschaften wurden oft als Unglück empfunden. Dann hörten wir Kinder, wie die betroffene Frau klagte. Auch eine Geburt war fast öffentlich. Es wurde eine der beiden Hebammen des Ortes gerufen. Aufmerksam registrierten sie in der Straße, welche von den beiden es war. Weil es auch intensive Feindschaften gab. Frauen aus dem Haus der Schwangeren setzten in metallenen großen Waschkesseln Wasser auf, das heißt, es wurde auf dem Herd erhitzt. Bei der Geburt lag die meist gar nicht glückliche Mutter rücklings auf dem Küchentisch. In dem Haus uns gegenüber war die älteste Tochter schon 15 Jahre alt, als ein Nachkömmling geboren wurde. Das Mädchen, Tutti gerufen, war neugierig. Als die Frauen das Wasser in Kessel füllten, wurde die Tochter nach draußen auf den Hof geschickt. Mehrere Bewohner aus den Häusern gegenüber beobachteten Tutti, als sie sich unter das Küchenfenster stellte und lauschte, wie ihre Mutter oben in dem Raum jammerte. Das erzählten sie noch nach Jahren. Das Girl wurde von den Kleineren geärgert mit dem Spruch: *Tutti-Frutti das Negerweib, frisst Eisen und scheißt fertige Lokomotiven.* Woher der Spruch kam, blieb unbekannt. Bei acht Familien in einem Haus kam es auch zu Streit. Der konnte zu Hass wuchern. Oft wusste nach Jahren keine der feindlichen Parteien mehr, warum der Streit ursprünglich ausgebrochen war.

Zeche Hannover, Bochum 1984

Malakowturm der Zeche Carl, Essen 1986

*Blick auf den
Essener Norden,
1968*

*Zeche Emil Emscher,
Essen 1974*

Zeche Heinrich,
Essen 1987

Zeche
Pörtingsiepen,
Essen 1981

Stichlinge im Pullefass

Die ersten eigenen Tiere der Kinder waren meist Stichlinge. Es gab noch sauber durch die Wiesen plätschernde Bäche. Sie lagen an den Rändern der Kolonien. Die Alten erzählten, dass es früher noch mehr reine Gewässer gegeben habe als zu unserer Zeit. Von Fischen in der Emscher schwärmte ein Lehrer. Aber der gehörte aus unserer Sicht zu den ganz Alten. Seine Altersgruppe erzählte sehr plastisch, wie jeweils im Frühjahr die Emscher in Essen-Bergeborbeck die Wiesen überflutete. Das geschah nicht weit entfernt von dem Stadion *An der Hafenstraße*, der Heimat von Rot-Weiß Essen. Wenn wir Stichlinge fingen, dann reichten Bäche. Mit leeren älteren Einweckgläsern unter dem Arm gingen wir zum Fang an die Ränder von Wohngebieten, an denen zu der Zeit noch keine Tankstellen, Supermärkte und Autowerkstätten lagen. Das Glas wurde mit der Öffnung zur Strömung in das Wasser gesenkt, auf dem Bauch liegend bewegte der Fänger vom Ufer seine Hand, behutsam trieb er die Stichlinge in Richtung der gläsernen Falle. Waren sie im Einweckglas, riss der Junge es heraus, aufgeregt flitzten die kleinen Tierchen mit ihren silbern blitzenden Unterleibern darin herum. In diesem gläsernen Gefängnis trugen wir sie zurück in die Siedlung. Gehalten wurden die Stichlinge meist in der Waschmaschine. Hinter den Häusern gab es Waschküchen für alle Mieter. Einige bekamen von den Eltern die Erlaubnis, zur Unterbringung der Fische die Zinkbadewanne, auch Pullefass genannt, mit Wasser zu füllen. Wir glaubten, Stichlinge ernährten sich von Wasser. Nicht einmal eine Woche überlebte der Fang aus dem klaren Bach. Wenn an den Samstagen – es gab noch die Sechs-Tage-Woche – die Waschma-

schinen von den Frauen benutzt wurden, um die Arbeitskleidung ihrer Männer zu waschen, ließen sie herzlos das Wasser ab. Auch die noch lebenden Stichlinge wurden in den Ausguss geschüttet. Immer wieder ignorierten wir den frühen Tod der Fische und versuchten uns erneut als Fischhalter. Später verschwanden viele Bäche. Wenn sie begradigt wurden und in Betonbahnen das Wasser schneller lief als vorher, hießen sie meist Köttelbach, andere wurden untertägig verrohrt.

In einigen Gegenden flossen Bäche direkt hinter Gärten durch die Siedlungen in Richtung Lippe oder Emscher. Da wussten Arbeiter die Lage für die Tierhaltung zu nutzen. Sie bauten Käfige mit Zugang zu den Betonrohren, von denen sie einen Teil mit Drahtgeflecht gesichert hatten, und züchteten darin Nagetiere. Nutria, die einst aus Amerika nach Europa eingeführt wurden, brachten für einige Familien zusätzlich Fleisch, denn beim Metzger war es zu teuer. Die Tiere konnten in den Rohren im Wasser leben, aber auch in den Drahtverhauen außerhalb des Baches laufen. Sie waren niedlich anzusehen und galten als verfressen. Nach einiger Zeit wurden Nutria wie Karnickel geschlachtet. Die Pelze waren hochwertiger als Karnickelfelle, aus denen ein Muff für die Wintertage gefertigt wurde. Das Fleisch galt als schmackhaft, es gab sogar Metzgerläden, die es im Auftrag der Züchter verkauften. Zu Beginn der fünfziger Jahre endete Zug um Zug die Nutriazucht.

Ein Nachbar hatte im Krieg einen Goldfisch. Der schwamm ausdauernd in einem bauchigen Glas, das oben auf der Schrankkante in der Küche stand. Gefüttert wurde er mit Wasserflöhen. Vor Flöhen wurden wir Kinder von den Eltern gewarnt, aber wir verstanden nicht, wieso die im Wasser für uns unangenehm werden könnten?

Nach der Währungsreform wurden in den Innenstädten Fischhandlungen eröffnet. In denen gab es aber keine toten Fische wie beim rollenden Händler, der an den Freitagen mit einem Karren durch die Straßen zog und Heringe anbot. Hatte ein Nachbar helle Schuppen auf seinen Schultern, dann witzelte er schon mal, das sei kein Wunder, er fresse ja auch jeden Freitag Fisch. Die Händler in der Stadt verkauften lebende, so genannte Zierfische. Für Arbeiterblagen waren nach entbehrungsreichem Sparen nur Guppys erschwinglich. Das waren Warmwasserfische, die nicht in einem Glas gehalten werden konnten wie der Goldfisch einige Wohnungen weiter. Ein Aquarium aus dem Laden war zu teuer. Zu der Zeit kostete ein Gummiball von der Buna fünf Mark, und das war eine Menge „Holz". Es gab Männer in der Siedlung, die schnitten den Nachbarn die Haare, einige schneiderten, so entstanden sogar aus Wolldecken Wintermäntel, andere flickten Schuhe gekonnt, einer formte

Dietriche für Schlösser, von denen der Schlüssel abhanden gekommen war und manche Männer bauten in ihrer kargen Freizeit Aquarien. Winkel aus Metall waren dazu nötig, Glas wurde oft im Betrieb geschnitten, dazu Kitt organisiert, und fertig war das Schmuckstück für die Guppys. Die Zierfischhändler verkauften auch Trockenfutter, dafür reichten aber die gelegentlichen kleinen Geldgeschenke von der Oma oder der Tante nicht. Taschengeld bekam, wer arbeiten ging oder in der Lehre war. Sogar noch in alten Bombentrichtern, aber meist in stillen Gewässern fingen wir Wasserflöhe für unsere Fische. Fingen? Aus Draht formten wir einen Ring. Das obere Ende eines alten Damenstrumpfes – hoffentlich eines alten! – nähte ein Mädchen daran, eine Handbreit tiefer knotete es das Stückchen Strumpf fest, diesen Netzersatz zogen wir durch die Teiche und stülpten den Inhalt um in ein mit Wasser gefülltes Einweckglas. Darin bewegten sich hiernach wie winzige Schneeflöckchen die Wasserflöhe. Das Futter für unsere Zierfische.

Zeche Erin, Castrop-Rauxel 1981

Die Emscher im Abendlicht, 1987

Wettkampf der Kröpper

Einige Familien aßen an den Sonntagen schon um elf Uhr zu Mittag, hastig meist. An den Sommertagen waren die Wohnungs- und Haustüren weit geöffnet, die Kratzgeräusche der Löffel über den Tellerböden waren in der Bergmannskolonie gut zu hören. Es gab keine Geheimnisse der Geräusche. Ohne Lob für das Essen rasten die Taubenväter aus den Wohnungen und bauten sich in den handtuchschmalen Gärten hinter den Häusern auf. Die Kröpper wurden erwartet. Meine Mutter schimpfte: „Die gucken wieder die Tauben im Arsch." Wir hielten keine. Dann brach die Unruhe ein in die sonntägliche Ruhe – die ersten Tauben erschienen am Himmel. Sofort kletterten die Besitzer der „fliegenden Geldschränke" in ihre Schläge unter den Dächern. Wenn ein Tier zielsicher den heimischen Schlag angeflogen hatte, dann aber auf dem Abflugbrett sitzen blieb und noch etwas ruhte, schlugen die Herzen vor Aufregung schneller. So manche Taube büßte diese Pause mit ihrem Ende. Während sie auf dem Brett saß, lief die Zeit gegen sie. Später einflatternde Kröpper der Nachbarn verschwanden im Schlag, ihnen wurde der Ring abgezogen, sie galten deshalb als eher zurück gekommen. Das kostete den Eigentümer der Pausierenden Wettgeld. Vor Wut riss dann der eine oder andere „Taubenkaspar" dem Vogel den Kopf ab.

Wir Blagen standen nach dem Mittagessen auf der Straße und genossen die kindliche Freude manches Alten, wenn er vermeintlich mit seinen Kröppern vorn lag. Nach dem Krieg hatten die Taubenväter noch keine eigenen Uhren, auf denen die genaue Ankunftszeit festgehalten werden konnte. Dem Tier wurde sofort der Ring abgezogen, er musste schnell in das katholische Vereinshaus transportiert werden, dort konnte die Reihenfolge des Eingangs in einer so genannten Taubenuhr registriert werden. Gegen die geringe Bezahlung von einem Groschen boten wir uns an, im Schweinsgalopp mit dem Ring in der Hand in die Gaststätte des Inhabers Heinrich Vatteroth zu laufen. Katholisches Vereinshaus sagte niemand. Als der Vatterroth schon Jahrzehnte tot war, wurde das katholische Vereinshaus weiter Vatteroth genannt, bis in die Gegenwart. Am frühen Abend des Sonntags erst kamen die Taubenzüchter in das Lokal, in dort ausgelegten Listen standen die Sieger des Tages. Sie trafen sich bei Vatteroth im Saal, der durch einen eigenen Eingang zu erreichen war. Die Theke war somit zu umgehen, was aber nur selten geschah. Ausgehängt waren in den Kneipen auch Tafeln, auf die mit Kreide die aktuellen Ergebnisse der Oberliga West geschrieben wurden.

Nach und nach hielt der Fortschritt Einzug in der Kolonie – und der war an den kastenförmigen Uhren zu erkennen, die bei den meisten Taubenvätern oben auf dem Sims des Küchenschranks standen. Nun konnte der Ring des Kröppers schon im Taubenschlag in die Taubenuhr gesteckt werden, auf einem Ausdruck stand exakt die Ankunft des Tieres. Dieser Beleg wurde nicht mehr mit Hast in das katholische Vereinshaus getragen. Den Kindern in der Kolonie war damit an den Sonntagen ein Zusatzverdienst von einem Groschen genommen worden. Sie waren die ersten Opfer des technischen Fortschritts.

Taubenklinik in Essen, 1987

Streuselkuchen und Muckefuck

In den kalten Wintern war das Leben hart. Wir saßen am Abend um den Küchenherd und hörten Radio oder einer aus der Familie erzählte. Die Mutter öffnete die Backofentürchen des Herdes und streckte auf einem Stuhl sitzend ihre Füße dem Feuer entgegen, um sie zu wärmen. Unter funzligem Licht strickte oder stopfte sie. Zuvor legte sie Ziegelsteine in den noch heißeren Backofen, um die „auf Temperatur" zu bringen. Die heißen Steine umwickelte sie mit Handtüchern und legte sie so an das Fußende des Bettes. Daran wärmten die Blagen, die meist zu zweit in einem Bett zu schliefen, vor dem Einschlafen ihre Füße. Im Schlafzimmer war es eiskalt, darin stand kein weiterer Ofen. An den Fenstern waren Kunstwerke der Natur zu sehen, die Eisblumen. Auf den Fensterbänken lagen Handtücher, um die kalte Luft an den Ritzen abzufangen, an das untere Ende der Wohnungstür wurde gegen die Zugluft eine alte Wolldecke gedrückt. Wasser fror über Nacht in den Waschschüsseln zu Eis. In der Frühe hörten wir die Mutter in der Küche mit einem kleinen Hammer das Eis zerschlagen. Sie „machte den Ofen an", was hieß, Holzscheite mit Zeitungspapier zu unterlegen, ein brennendes Streichholz daran zu halten und eine Schüppe voller Kohlen darauf zu geben, wenn die Flammen stark genug waren. Zuweilen war das Plumpsklo auf dem sibirischkalten Flur wegen Eisbildung darin nicht zu benutzen. Mühsam schafften die Erwachsenen in Waschkesseln warmes Wasser heran und kippten es ins Klosett. Obwohl wir in einem Kohleland lebten, gab es zu wenig Kohle. In den Schulen platzten die kalten Heizungsrohre wegen des gefrorenen Wassers darin. Selten hatten wir in den Jahren unserer Kindheit hitzefrei, aber oft kältefrei. Schulkinder zogen mit einer Handkarre durch die Straßen und bettelten um ein paar Brocken des schwarzen Goldes für die Schulheizung. Bergleute erzählten, dass sie bei Überstunden während des Winters kein Tageslicht erlebten. Verließen sie am Morgen das Haus, gingen sie in den dunklen Morgen, am späten Nachmittag war der Tag schon vom Nachtdunkel abgelöst.

Angefrorene Kartoffeln aus dem Keller waren schwarz und schmierig, sie schmeckten widerlich süß. Wegen verdorbener Kartoffeln wurden Tränen vergossen. Essen war knapp. Neben dem Kleiderschrank im kalten Schlafzimmer hingen die letzten luftgetrockneten Mettwürste und ein Schinken von der Schlachtung im Herbst. Rotkohl war zur selben Jahreszeit mühsam eingekocht worden. Die restlichen Äpfel lagen verschrumpelt in der Vorratshaltung. Das Sauerkraut in einem Holzfass ging zur Neige. Mäuse im Hause und Ratten in den Ställen wurden gejagt, weil sie an unser Weniges wollten. Fleisch vom Metzger war zu teuer, wir aßen die letzten Stücke vom Geschlachteten, die in den Einkochgläsern für den Winter gehortet waren. Wobei es ein ungeschriebenes Gesetz war, dass der schwer arbeitende Vater einen großen Batzen Fleisch auf den Teller gelegt bekam, arbeitende Brüder erhielten die nächst kleineren Stücke, Schulkinder nur wenige Happen, Mütter kamen ihrer Frauenrolle nach und verzichteten. Für sie blieben Kartoffeln mit Rotkohl.

Nach der Arbeit im Pütt oder am Hochofen nahmen viele Väter eine Mütze voll Schlaf. Kurz ruhten sie auf dem Sofa oder der Bank in der Küche – Wohnzimmer gab es nicht –, hiernach bestellten sie von Frühling bis Herbst den kleinen Garten hinter dem Haus. Aus dem Plumpsklo gaben sie Jauche auf die Erde. Selbst den Karnickelkot nutzten sie als Dung, ebenso den Hühnermist. Jedes Jahr wurde ein Ferkel gemästet. Im Schweinestall standen auch selbst gebaute Kästen mit Karnickeln darin. Neben dem gemauerten Stallgebäude zimmerten die Männer ein Hühnerhaus. Dabei zu helfen galt als Selbstverständlichkeit. Wer einen Stall errichten wollte, hämmerte laut. Das Geräusch lockte die Nachbarn an wie Katholiken das Angelusläuten in die Kirche zieht. Der Stallbauherr musste für sie einige Kästen Bier aufbauen. Das Arbeitsgerät, nach Bergmannsart auch mal Gezähe genannt, brachten die Männer mit. Geld wurde für die Mithilfe nie gezahlt.

Das erste frische Essen aus dem Garten war Melde mit Spiegeleiern und Kartoffeln. Das grüne Gemüse glich vom Aussehen und im Geschmack dem Spinat. Bis auf die Kartoffeln „vom Bauern" schonten die Eier von den eigenen Hühnern und das Gemüse aus dem Garten die stets klamme Familienkasse. Berufstätig war nur der Vater, allenfalls arbeitete schon mal ein älterer Sohn „mit", wie seine Tätigkeit als Lehrling oder Jungarbeiter genannt wurde. Das Geld war knapp in den Arbeiterhaushalten. Eine als besonders geizig bekannte Frau von nebenan fing ihre Hühner, klemmte sie unter dem Arm ein und stach mit ihrem Zeigefinger bei denen hinten hinein, um genau zu wissen, wann Eier gelegt würden, danach plante sie das Essen. Geschlachtet wurde das Federvieh vor aller Augen auf dem Hof. Hühnern trennten die Männer mit einem Beilschlag den Kopf ab. „Kurz und schmerzlos", sagten sie. Die geköpften Tiere flatterten noch in den Händen des Vaters oder Onkels, der sie so hielt, dass ihr Blut auf den Sandboden hinter dem Haus auslief. Mit Gejohle sahen wir einige Male, dass Hühner ohne Kopf noch einige Meter flogen. Zu Ostern wurde ein Karnickel geschlachtet. Unser Vater zog das Tier aus seinem kleinen Holzstall. Er hielt es an den Hinterläufen, schlug mit der Handkante hinter ein Ohr, bewusstlos hing das Karnickel wie ein gefüllter Schlauch nach unten. Bevor dem Tier hinter dem Stallgebäude die Kehle mit einem langen Küchenmesser durchgeschnitten wurde, vertrieb der von den neugierigen Blagen als grob eingeschätzte Mann die kleinen Zuschauer. Im inneren Bereich der hölzernen Stalltür band der Vater das leblose Tier an Nägel. „Der hängt wie Jesus", sagte ein Junge aus dem Nebenhaus, „aber umgekehrt, mit dem Kopf nach unten." Später erfuhren wir, dass aus dem Tier das Blut abfließen musste. Das Fell wurde abgezogen. War es getrocknet, kam Stroh hinein und es diente an einem Besenstiel als Vogelscheuche, oder es wurde ein Muff für den Winter daraus gefertigt. Den trugen aber nur Mädchen, für die Jungen strickte oder nähte die Mutter Fausthandschuhe. Zum österlichen Karnickelbraten gab es Rotkohl und Salzkartoffeln. Davor servierte die Mutter Rindfleischsuppe mit Nudeln, danach gelben Pudding mit weißem Eierschaum darauf. Die Mengenverteilung blieb gleich. Hinterlauf und große Stücke des Brustfleisches legte die Mutter auf den Teller des Vaters, den anderen Bollen bekam der Bruder, kleinere Kinder erhielten einen schmächtigen Vorderlauf, der kärgliche Rest war für die Mutter. Meine mochte aber nichts von dem Karnickel essen. Denn sie hatte ihn über eine lange Zeit gefüttert, er sei ihr ans Herz gewachsen, den könne sie nicht „einfach so fressen". Alle Karnickel hießen bei uns Hansi.

Das erste Obst wurde im Frühsommer geerntet. Ein um fünf Jahre älterer Junge erklärte mir, Erdbeeren schmeckten grün so gut wie später die roten. Aber rote Erdbeeren wollten alle, auch die Diebe aus der Nachbarschaft, dann würde das Angebot knapp. Wir aßen mit Genuss die grünen allein. Während der Sommerferien verreiste kein Schulkind. Wir badeten in alten Löschteichen aus der Kriegszeit oder fingen Stichlinge in den noch sauberen Bächen. War es längere Zeit warm, trug der Vater die Zinkbadewanne auf den Hof und füllte sie mit einigen Eimern kaltem Wasser, die Blagen setzten sich zu mehreren hinein und planschten in dieser Enge bis die Haut an den Fingern so gewellt war wie bei Lurchen. Die Badewanne hieß Pullefass. Längere Reisen waren unbekannt. Über eine Familie aus der Bochumer Innenstadt wurde erzählt, dass Mutter und Kinder den Vater zur Urlaubsreise an die Straßenbahnhaltestelle vor dem Rathaus begleiteten, der Vater fuhr dann mit seinem Lederkoffer einige Stationen nach Langendreer zu seiner Schwester, Tante Meta, bei ihr schlief er auf dem Sofa und half während der einen Woche Urlaub in ihrem Garten. Der Juni war Blaubeermonat. Mit leeren blechernen Milchkannen zogen Mütter mit ihren Kindern in die Randgebiete mit etwas Waldbestand. Je sandiger der Boden, so die Kenner, umso besser die Waldbeeren. Im Juni galt als Delikatesse des Abends der Mehlpfannekuchen mit Blaubeeren darauf. Wegen des Angebots im Garten wurde in den warmen Monaten besser gegessen. Endlich gab es Kuchen in größeren Mengen und nicht nur den üblichen Streuselkuchen oder Bienenstich, damals die Krönung für den Begriff Kuchen. Runde Torten mit Obst darauf hießen auch Obstböden. Platten- oder Hefekuchen galten als Höhepunkte, weil sie größer waren als die Torten. Auf einem fast einen Meter langen schwarzen Blech wurde der Teig mit einer Holzrolle flach gedrückt und gleichmäßig verteilt, darüber sorgsam das Obst gelegt. Hiernach überdeckte die Mutter den Kuchen mit einem feuchten hellen Küchenhandtuch, der Vater oder mein Bruder trug dieses Kuchenblech auf seiner Schulter zu einem Bäcker. Der buk die Obstplatte in seinem riesigen Herd. Dafür nahm er nur Pfennige, wie es hieß. Die Alten tranken an den Nachmittagen zum Plattenkuchen Bohnenkaffe, den sie richtigen Kaffee nannten, die Blagen bekamen Blümchenkaffee oder Kathreiner, aber sie wussten, dass es Muckefuck war.

Im Herbst galt es für den harten Winter vorzusorgen. Da wurde um die ertragreichsten Gebiete bei der Pilzsuche gekämpft. Jeder schwor auf einige Meter Wald, von denen nur er wisse, wo sie lägen. Unter Pilzsammlern gab es keine Freundschaften. In sumpfigen Gebieten gediehen Braunkappen, woanders Steinpilze. Eine Pfanne voller Waldpilze, mit Zwiebeln und Speckresten gebraten, dazu Bratkartoffeln, dieses Ereignis ließ uns vergessen, dass es der Abschied vom Sommer war. Weißkohl wurde geschnitten, in Holzfässern reifte er zu Sauerkraut. Kartoffeln wurden eingekellert. Obst kochte die Mutter nach anstrengenden und zeitraubenden Arbeiten ein. Alle zwei Jahre ließen die Eltern von einem Nachbarn legal hinten in der Waschküche unser Schwein schlachten. Die Wochen danach waren wegen des reichhaltigen Panhas, frischer Blutwurst und gekochtem oder gebratenem Fleisch die üppigsten im Leben eines Kindes. Kaninchen mit Rotkohl und Salzkartoffeln oder ein gut durchwachsener Schweinebraten im eigenen Fett als Soße, dazu Klöße und Sauerkraut, das waren die absoluten kulinarischen Höhepunkte – für die weitere Zeit des Lebens.

Essen, 1976

Gelsenkirchen-Bulmke, 1983

Gelsenkirchen, 1985

Große Wäsche

„Große Wäsche", diese Ankündigung der Mutter löste frostige Ängste bei Kindern aus. Die Männer arbeiteten sechs Tage, zum Wochenende brachten sie die klobigen Arbeitsschuhe und das Schweißhemd, ihre Arbeitshose und die verschmutzte Jacke mit nach Hause. Ihre Schuhe hatten sie so verbunden, dass einer vorn rechts an der Brust baumelte, der andere im Rücken; die Schuhbänder hingen als Träger über der Schulter. Die Schuhe wurden von ihnen in der Freizeit besohlt, von der Mutter geputzt. Für den Montag legte sie frisches Arbeitszeug zurecht. Alle zwei Wochen, manchmal einmal im Monat, gab es diese schlimme große Wäsche. Der Vater verließ wie immer in aller Frühe die Wohnung, danach arbeitete die so genannte Hausfrau körperlich schwer in der Waschküche hinter dem Haus. Wäschereien waren im Ort unbekannt. Die schmutzigen Blaumänner und die Hemden drückte die Mutter in eine runde hölzerne Waschmaschine. Der Deckel wurde geschlossen und dann mit einem Schwengel darüber durch Schieben und Zurückziehen die Schmutzwäsche in Bewegung gebracht. Mutter sein war schwer. In den Pausen und nach dem Wasserwechsel säuberte sie die Zweiraumwohnung, Kinder störten. „Los, auf den Hof", rief sie uns aggressiv zu, was sich anhörte wie „Hoff". Wir hätten es als normal empfunden, wenn sie noch eine Wegscheuchbewegung mit beiden Armen gemacht hätte, womit sie die Hühner des Nachbarn aus dem Garten vertrieb. Auch bei Regen und Herbstkälte hieß es hinaus auf den „Hoff". Hatten wir keine Lust dort zu spielen, machte sie den Kindern mit herrischen Gesten klar, dass sie sich draußen aufhalten mussten. Nach Stunden in der Waschmaschine war des Vaters Arbeitsblaumann gesäubert, danach wurde die Wäsche durch eine Handmangel gepresst. Die war an die Waschmaschine geschraubt. Sie bestand aus zwei Rollen, dazwischen wurde mit einer Handkurbel die Wäsche gepresst. Oft musste eine Nachbarsfrau kräftig helfen, weil der Mutter die Puste ausging. Anstrengend war es für sie auch, die Wohnung „in Schuss" zu bringen. Die Stühle türmte die Mutter mit den Beinen nach oben auf den Esstisch, so wie es in Kneipen üblich ist, wenn die Gäste das Lokal verlassen haben. Mit einem feuchten Wischtuch an einem Stiel säuberte die Mutter den Kunststoffteppich, auf den ein Blumenmuster gedruckt war. Türen und Fenster standen auch bei kaltem Wetter weit auf, „damit endlich mal frische Luft in die Bude kommt". Die Blagen froren auf dem „Hoff". Unsere Mutter sang sogar hin und wieder bei dieser harten Arbeit. Meist: *Das kannst du nicht ahnen, du munteres Rehlein klein, ein Jägersmann vom Rhein wird dein Beschützer sein.* Ihr höchstes Lob über Nachbarinnen war, bei denen sei es so sauber, dass vom Fußboden gegessen werden könnte. Was ich als schrecklich empfand, es musste unbequem sein, vom Tisch zu essen war doch einfacher. Auf dem Küchenherd, der ständig mit Kohlen nachgefüllt werden musste, köchelte bei der großen Wäsche ein am Vortag vorbereiteter Eintopf: Schnippelbohnen oder Möhrenstücke, gemischt mit klein geschnittenen Kartoffeln. Der Eintopf musste in der kalten Küche so schnell wie möglich herunter geschlungen werden. Danach wurden wir wieder auf den „Hoff" getrieben. Es wird der Grund sein, dass ich nach dem Ende meiner Kindheit ungern Eintopf aß.

Beide Eltern arbeiteten körperlich schwer. Auch Frauenhände hatten eine harte Haut oder Schwielen. Reiche kannten wir nicht, auch den Ausdruck Wohlstand nicht. Kinder*reiche* galten als besonders arm. Die Väter schufteten in den Großbetrieben und besorgten nach der Arbeit noch den Garten und arbeiteten im Stall oder reparierten etwas. Die Mütter verdeckten durch Einfallsreichtum die Not. Jeder wusste, dass sie bei Krankheiten nächtelang an dem Bett ihres Kindes saßen. Hausapotheken waren unbekannt. Für kleinere Verletzungen war Heftpflaster vorhanden. Bei Verletzungen an der Hand oder am Arm half die Mutter, indem sie über die Wunde ein sauberes Stofftaschentuch wickelte. Gelegentlich kam darüber noch ein weißes Küchenhandtuch mit blauen Streifen als Muster. So manche Frau band daraus geschickt eine Schlinge für den verletzten Arm. Hatte ein Kind Schmerzen, bekam es nasse warme Umschläge. Zum Arzt ging nur, „wer seinen Kopf unter dem Arm trug". Schlachter wurden wohl deshalb Katzow gerufen, weil meist die Männer Ärzte Metzger oder Pferdedoktoren nannten. Besonders gefürchtet waren so genannte Zahnärzte. Aber über ihnen standen die erbarmungslosen Vertrauensärzte der Knappschaft.

Wenn eine Frau im Kreise ihrer Nachbarinnen stundenlang weinte, war sie schwanger geworden, und es war nun Gewissheit. Sie weinten wegen der Ungeborenen so heftig wie über die Toten.

Duisburg, 1968

Essen-Karnap, 1983

Stickstoffwerk, Oer-Erkenschwick 1974

„*Wir fahren zum Einkleiden*"

„Wir fahren zum Einkleiden", hieß es ein oder zwei Mal im Jahr. An dem Tag fuhren die Mütter mit ihren Kindern in die Innenstädte; deshalb wurde der übliche Lebensraum, die Siedlung oder Kolonie, freudig verlassen. Väter reisten nicht mit, sie arbeiteten währenddessen. Auch nach der Währungsreform war der Grundsatz nicht aufgehoben worden: Die Nachgeborenen trugen die Kleidung der Älteren und Größeren „auf". Trotzdem gab es auch für die Kleineren vor dem Winter mal einen neuen Mantel. Der musste mit Sicherheit über mehrere Jahre passen, somit war er mit Sicherheit im ersten Jahr erkennbar zu groß.

Die großen Reisen zu Verwandten oder zum Einkauf wurden mit den Straßenbahnen unternommen. „Einmal Übergang", löste die Mutter, denn jede größere Nachbarstadt im Revier hatte wegen eigener Verkehrsgesellschaften andere Preise. Mit dem Übergang war der Fahrschein in der nächsten Straßenbahn billiger. Unsere Bahnen wurden nur Vestische genannt, weil die Gesellschaft Vestische Straßenbahnen hieß. Deren Elektrische und Busse waren cremefarben gestrichen, für uns waren sie Gelb, weil wir den Begriff für den helleren Farbton nicht kannten. Die Dortmunder Bahnen waren ebenfalls cremefarben, wie auch die Bahnen von Castrop-Rauxel, die auf breiteren Schienen rumpelten als die der Vestischen, die cremehellen Bahnen in Essen hatten zusätzlich einen Farbring um den Korpus. Farben sind Ansichtssache: Die meisten nach Jahren befragten Duisburger sahen einen Cremeton, manche sprachen von milchfarben oder von Gelb.

Wenn es hieß, „wir fahren zum Einkleiden", reisten die Mütter mit ihren Kindern im Raum Duisburg zur Königstraße oder zum Sonnenwall. Wie ein Magnet wirkte die als pulsierend empfundene Kettwiger Straße in Essen. Menschen aus der Region um Dortmund zuckelten in der Bahn zum Westenhellweg. In Herne hieß der Einkaufsbereich Bahnhofstraße, in Bochum Kortumstraße. Dort wollten insbesondere die Blagen zuerst in das Kaufhaus Kortum, denn in dessen Spielwarenabteilung stand in einem gläsernen Kasten eine aus Stoffaffen gebildete Musikkapelle. Jahrzehnte wurde für deren Musik nur ein Groschen verlangt. War der durch den Schlitz gesteckt, bewegten die Affen sich unrhythmisch nach einer Melodie von Glenn Miller. Es trübte den Spaß der Kleinen nicht, wenn die Großen abfällig sagten, so sei eben Affenmusik. Über viele Jahre zog es Kinder in das Kaufhaus Kortum nicht wegen eines neuen Mantels, ihr Ziel waren die musizierenden Stoffaffen in ihrem Glaskasten.

Nach den Erzählungen der Alten an den Abenden auf der Straße wurden die Menschen beim Einkauf oft betuppt. Sie behaupteten, der Verkäufer straffe gekonnt mit einem gezielten Handgriff hinten das Jackett, so dass es von vorn als gut sitzend wirke. Erst zu Hause merke der Betrogene, dass der neue Zwirn wie ein Sack am Körper hänge. Jeder behauptete einen zu kennen, dem das widerfahren sei. Väter animierten die Mütter, bei ihrer Einkaufstour fliederfarbene Hemden zu verlangen. Greife die Verkäuferin zu einem weißen Hemd, solle die Frau auf ein blaues zeigen und sagen, es gebe doch auch blauen Flieder. Während des Kaufs brauchte kein Verkäufer zu tricksen. Die Mutter achtete darauf, dass Mantel oder Jacke recht groß waren, sie dachte in Jahren. Wenn die

Schulterpolster wegen der Breite an den Oberarmen hingen und vorn im Jackett zu viel Luft war, griff meine Mutter an die Revers, schüttelte ihr Kind, das darin hing wie ein Fisch in einem großen Köcher und sagte kategorisch: „Passt." War passt gefallen, galt jeder Einspruch als zwecklos. Auf diese Weise begriff ich, was mein Vater darunter verstand, der Schiedsrichter habe bei dem Fußballspiel zwar eine falsche, aber eben eine Tatsachenentscheidung gefällt. Wer dem widersprach, wurde vom Platz gestellt. „Haben Sie nicht was Preiswerteres?" Die Frage verstand ich erst nach Jahren. Sie bedeutete, das Angebot war der Mutter zu teuer. Billiges wollte sie nicht verlangen. Als ich sie einmal fragte, ob die Jacke, die mir am besten gefiel und deren Stoff sich gut anfühlte, ihren Preis nicht wert sei, hieß es nur, ich solle nicht so dämlich fragen. Passt. Aus. In Bochum bat ich um den Kauf eines Taschenbuches. Der Wunsch wurde harsch abgewiesen mit der lebensnahen Erkenntnis: „Was soll das? Du wirst ja doch nicht Doktor." Sie behielt Recht.

Später reisten wir nicht mehr in die nächstgrößere Stadt, das Reiseziel galt der größten. Dazu reichte die Straßenbahn nicht mehr. Wir fuhren mit dem Ruhr-Schnell-Verkehr, der als tolle Neuerung galt. Große wuchtige Dampfloks zogen die Waggons zwischen den Bahnhöfen angeblich schneller als früher. Ihr weißer Dampf legte sich wie Watte über die Arbeiterhäuser neben den Schienenstrecken. Nicht nur an den großen, auch an den kleineren Bahnhöfen wie Kray-Nord, hielt der Ruhr-Schnell-Verkehr. Nach dem Einkauf in der Kettwiger Straße aßen wir Würstchen mit Kartoffelsalat in einem Schnell-Imbiss. Die Faszination war die damals als super-modern gesehene Selbstbedienung. Zu Hause veredelten wir gegenüber den Nachbarn unsere Essen in dem Schnell-Imbiss, denen erzählten wir stolz, in einem Steh-Restaurant gegessen zu haben.

*Zeche
Gneisenau,
Dortmund 1982*

*stillgelegte
Zeche Hansa,
Dortmund, 1988*

stillgelegter Wetterschacht in Dortmund-Lanstrop, 1988

Zeche Minister Stein, Dortmund 1989

*Zeche
Schlägel & Eisen,
Herten 1989*

*Zeche Ewald,
Herten 1990*

Herten-Disteln, 1991

Zwischen Kaue und Kampfbahn

„Die haben keine Kultur". Männer standen am Rande des Fußballfeldes und blickten missmutig. Einheiten der US-Armee hatten vor den Briten das Ruhrgebiet besetzt. Nach wenigen Tagen rissen sie im Stadion die Fußballtore nieder. Die Pfosten blieben stehen, dazwischen spannten sie Netze. Darüber schlugen die sportlichen Soldaten mit den Händen Bälle. Einige Tage danach zogen sie weiße Linien auf dem grünen Rasen. Mit einem Schläger in der Hand versuchte der Sportler einen ihm zugeworfenen kleinen Ball zu treffen. Trotz Sonnenschein trug er dicke Handschuhe und hatte eine Mütze auf. Und das beim Sport. Fing er den kleinen Ball, lief er an der Seitenlinie entlang. Später bauten die Soldaten die Fußballtore auf wie ein großes H. Ihr Ball war ein ledernes Ei, das sie in die Hand nahmen; mit dem Ball vor der Brust liefen sie über den Platz. Andere so genannte Spieler versuchten ihnen das Lederei zu entreißen. Sie balgten sich auf dem Boden, so wie es uns im Kindergarten immer harsch verboten wurde. Offensichtlich galt es als Zähler, wenn einer das lederne Ei über die Querstange des H schoss. Verständlich, dass die deutschen Zuschauer das Treiben mit Unverständnis betrachteten. „Die haben keine Kultur." Erst als Briten unser Fußballfeld in seine alte Form zurückbauten mit Toren, Sechzehner, Mittellinie und Eckfahnen, brachten sie die Kultur in unsere Gegend zurück. Die ersten Spiele der heimischen Elf wurden gegen britische Soldatenmannschaften angepfiffen.

Fußballspieler waren junge Väter aus der Nachbarschaft oder kräftige Burschen im heiratsfähigen Alter. Sie alle wohnten im Viertel, sie arbeiteten auf der Zeche oder im Stahlwerk, sie waren uns persönlich bekannt. Die Kicker unterhielten sich mit dem Vater auf der Straße; wenn sie während des Spiels von ihm angefeuert wurden, rief er ihre Namen. Sie zogen ihre Kluften in der Kaue des Bergwerks an und gingen umgezogen in Schwarzrot über das Gelände der Zechenbahn in die Kampfbahn. Zu Auswärtsspielen fuhren in dieser Zeit unsere mit dem Fahrrad, später auf einem Lastwagen, danach erst im Bus. Die Alten erzählten vom SC Hassel: Deren Spieler marschierten an den Sonntagen zu Fuß zum Stadion des Gegners, rissen die 90 Minuten herunter, zurück lief die Elf mit ihren Fans im Rudel nach Hassel, am Montag malochten sie auf dem Pütt.

Der Bereich von Anhängern eines Clubs war im Revier manchmal nur auf wenige Straßenzüge begrenzt, darüber hinaus lebten die Gegner. Existierten zwei Vereine in einem Vorort, gab es in der Kinderzeit die meist lebenslang wirkende Entscheidung: für *uns*, gegen *die*. Wer von seinem Alten in Duisburg auf Union Hamborn eingeschworen war, konnte die Sportfreunde Hamborn 07 nicht ab. Die von Hamborn 07 und von den Sportfreunden mochten, verbunden in Ablehnung, weder den Meidericher SV noch den Duisburger Spielverein. Bevor sich die großen Lager zwischen Borussia Dortmund und Schalke 04 bildeten, gab es damals die Rivalität im überschaubaren Bereich. Arminia Marten in Dortmund und Borussia Dortmund, zwischen ihnen herrschte schon Hass. Tiefe Feindschaft war zu spüren zwischen den Anhängern der Westfalia Suderwich und dem VfL Suderwich in Recklinghausen. Sollte sein Sohn einmal vom VfL zu Westfalia Suderwich wechseln, würde er sich von ihm lossagen, beteuerte ein überzeugter Vater von der Brandheide in dem Recklinghäuser Stadtteil. Enterben hätte er ihn nicht können, es gab nichts zu vererben. Die Feindschaft zwischen ETB Schwarz-Weiß Essen und den Rot-Weißen von der Hafenstraße hatte gesellschaftliche Gründe. Rot-Weiß spielte im Arbeiterviertel, die Schwarz-Weißen hatten ihr Stadion am vornehmen Uhlenkrug. So einfach war das. In Gelsenkirchen hassten die Bergleute und Fans der STV Horst-Emscher die angeblich Königsblauen von Schalke 04. Wer an den Sonntagen in Gelsenkirchen zum VfL Resse 08 ging, verlief sich nie zum SC Hassel oder gar zu Erle 08. Leidgeprüfte Anhänger des SV Sodingen sprachen in ihrem Herner Stadtteil über Westfalia Herne nur von „den Hernern". In Bochum-Riemke gibt es bis in die Gegenwart eine mehr als sportliche Rivalität zwischen Teutonia Riemke und DJK Adler Riemke. Bei Letzterer reimten die Fans im Überschwang: *Der Ball, der rollt, der Pfarrer lacht, es spielt die Deutsche Jugendkraft.* Tiefe Abneigung herrschte auch im Stadtbereich Wiemelhausen von Bochum. Die einen bekannten sich zu dem Ortsteil und hießen TuS Wiemelhausen, die anderen, einige Straßen weiter, nannten sich angeblich großkotzig Concordia Bochum. Nach Jahrzehnten vereinten sie sich zu Concordia Wiemelhausen. Die Fans von Concordia Bochum bildeten damals eine breitere Hassfront, sie mochten auch Weitmar 09 nicht, obwohl oder weil sie über Jahre gleichzeitig in der Landesliga kickten. Wer zum VfB Habinghorst in Castrop-Rauxel ging, verlief sich nie in den Nachbarort zu einem Fußballspiel von Arminia Ickern. Hinter Hamm rivalisierten Arminia Bockum-Hövel und SV Bockum-Hövel. Bernard Dietz spielte in seiner Jugend für SV, nie wäre er auf die Idee gekommen, zur Arminia zu wechseln.

In ihrer Ablehnung vereinigten die ansonsten zerstrittenen Mitglieder der Clubs in der alten Bergbaustadt Hamm sich alle gegen die Hammer Spielvereinigung. Die HSV spielt im Osten, deshalb reden sie bis in die Gegenwart über „die da aus dem Osten". Beim SV Herringen reimten sie gegen die Hammer Spielvereinigung: *Die Rose blüht/ der Dorn der sticht/ an der Ostenallee/ verlieren wir nicht.* Im Süden der Lippestadt sangen die Fans: D*ie HSV hat angefragt/ ob wir wohl für sie spielen/ da haben wir nein, nein gesagt:/ Wir bleiben treu dem Süden.*

In den Gesängen wurde nicht nur gelobt, auch geschmäht. Auf Schalke sangen sie mit Inbrunst: *Mohammed ist ein Prophet, der von Farben viel versteht. Doch von all der Farbenpracht, hat er sich das Blau und Weiße ausgedacht.* Die zahlreichen Gegner kannten verschiedene Varianten. Eine: *Mohammed ist ein Prophet, der von Fußball (!) nichts versteht. Deshalb hat er aus der Farbenpracht, Blau und Weiß sich ausgedacht.*

Bei einem Unentschieden gegen einen Favoriten mauerte die Heimelf zehn Minuten vor dem Abpfiff. Als der Ball ins Aus über die Aschenbahn in die Zuschauerränge rollte, wollte ein kleiner Junge, so wie er es gelernt hatte, helfen und lief den Ball holen. „Lass ihn liegen", scholl es aus Männerkehlen, „bist du blöd", riefen die im Vateralter. Auch die Onkel des Kleinen schimpften, die Spieler des Gastes sollten sich „gefälligst" das Leder selbst holen. Der Kleine stand verdattert am Spielfeldrand. Als unsere bei einem Spiel, zudem noch gegen einen verhassten Gegner, schon nach zwölf Minuten 0:2 zurück lagen, sagte einer auf den Rängen oben laut: „Der Bessere soll gewinnen." Ein Dutzend Männer schaute empört hoch, sie wiesen ihn zurecht: „Aber doch nicht hier im Stadion, du Blödkopp."

Der Ausdruck Fußballstar war unbekannt. Ballhelden spielten auch in kleineren Vereinen. Für den SC Merkur 07 in Dortmund stürmte erfolgreich der Mittelstürmer Zumstein, ohne je zu wechseln. Das Tor der damaligen Amateur-Nationalmannschaft hütete ein im Revier nur gerufener „Fipps" Schulte. Er stand für TuS Eving-Lindenhorst zwischen den Pfosten. Dortmunds erster Nationalspieler August Lenz arbeitete über Jahre im *Blechwalzwerk I/II,* das von den Vätern Knochenmühle genannt wurde. Nach ihm wurde Aki Schmidt Nationalspieler, der einst bei Hoesch aktiver Jugendvertreter war. Hatte der BVB 09 gewonnen und sahen die Anhänger der Schwarz-Gelben ihn über den Westenhellweg flanieren, sagten sie, seine Brust sei dann besonders breit gewesen. Bei einer Niederlage riet die Mutter ihrem Sohn Aki, doch lieber im Hause zu bleiben. Max Michallek von Borussia Dortmund dagegen wurde nie Nationalspieler. Obwohl er ein ausgezeichneter Läufer war; so wurden die Spieler im Mittelfeld genannt. Er hörte gern Schallplatten aus der Operette *Land des Lächelns.* Max Michallek wurde von Sepp Herberger zu einem Sichtungslehrgang für die Nationalelf eingeladen. Als die Kicker unter Anweisung des Sepp einige Runden liefen, sagte der Dortmunder: „Trainer – laufen kann ich schon, ich wollte eigentlich Fußball spielen." Liebling vieler Zuschauer war Ernst Kuzorra. Der trug in seiner aktiven Zeit einen Mittelscheitel, der volkstümlich als Popo-Scheitel beschrieben wurde. Ernst Kuzorra fuhr einen Opel-Olympia aus der Vorkriegszeit. Er spielte für die Königsblauen, trainierte aber in der Woche die Spielvereinigung Erkenschwick. Das war keine auffällige Seltenheit. Auffallend war, dass der Schalker stets korrekt gekleidet war und als untadeliger Fußballer geschätzt wurde. So wie Bubi Hetzel vom Meidericher SV oder Fritz (Itze) Sense, Verteidiger der STV Horst-Emscher. Vor „Schangel" Flotho stand Mäusezahl im Tor der Emscher-Husaren. Jule Ludorf konnte kein Club von der Spielvereinigung Erkenschwick abwerben. In deren Tor stand einige Jahre Willi Jürissen, Pomaden-Willi gerufen, weil er während des Spiels einen kleinen runden Spiegel an den Torpfosten hängte und weiße Handschuhe trug. Kam der Gegner mit dem Ball über die Mittellinie, hallte sein Ruf „Angreifen" durch das Oval des Stimberg-Stadions. Unsere Helden waren August Gottschalk von Rot-Weiß Essen, ein eher korpulenter Spieler, der aber aus dem Mittelfeld heraus passgenau die Bälle zu den Stürmern schoss, und Helmut Rahn. Der fuhr für seinen Arbeitgeber mit einem Firmenwagen Besucher des Unternehmens zum Bahnhof oder durch Essen. Weil solche „dicken" Autos von Bossen gefahren wurden, bekam er freundlich den Namen Boss Rahn angehängt. Der stand schließlich, als sei es der Vorname von ihm, in der Zeitung. Der Nationalspieler Horst Szymaniak arbeitete vor seiner Zeit als aktiver Fußballer viele Jahre im Bergbau. Er war vor einigen Jahren nicht einmal überrascht, dass seine Rente von der Bundesknappschaft ausgezahlt wird.

Lederbälle und Grubenschuhe

Ballwart im Verein zu sein, hieß nicht nur Bälle putzen. Voraussetzung für dieses Amt war meist der Beruf des Schusters, wie Schuhmacher genannt wurden. Die Lederbälle bestanden aus zusammengenähten Teilen. Platzte mal eine Naht, musste der Ballwart den Schaden mit einer großen Nadel beheben, für einen gelernten Schuhmacher war das kein Problem. Der Ball zum Pöhlen enthielt eine Gummiblase. Die wurde schlaff in die lederne Hülle geführt, danach stramm aufgepumpt. Der Ballwart drückte eine spezielle Ballpumpe durch einen längeren Nippel, den die Erwachsenen Kinderpimmel nannten. War die Blase mit Luft gefüllt, klemmte der Ballwart die Verlängerung um seinen Zeigefinger und band sie mit einem Faden ab. Hiernach wurde die lederne Hülle geschnürt wie ein Schuh und der pralle Ball den Kickern übergeben. War es in den Herbst- oder Wintertagen nass und der Ball noch schwerer geworden und diese geschnürte Stelle traf einen Spieler beim Kopfstoß unglücklich, ging der schon mal für einige Sekunden k. o. zu Boden.

Wer in den entbehrungsreichen Jahren nach dem Krieg einen Lederball besaß, war der ungekrönte König unter den Blagen. Aber das galt nicht immer. Ein Bursche aus der Nachbarschaft war noch nicht hoch genug gewachsen und schwächlich. „Komm pöhlen", riefen die Jungen von draußen ins Haus. Hatte der Ballbesitzer keine Lust und wollte den Nachmittag als Stubenhocker verbringen, folgte jeweils die Drohung: „Dann bekommst du den Arsch voll." So spielte der gegen seinen Willen. Vielleicht wurde er deshalb später kein berühmter Fußballer.

Ich bekam von einem Onkel zur „Kinderkommunion" einen neuen Lederball geschenkt. Obwohl nur Kinder zur 1. hl. Kommunion gingen, hieß es Kinderkommunion. Der einzige schwarze Anzug meines katholischen Vaters war sein „Konfirmationsanzug". So wurden alle schwarzen Anzüge über die Religionen hinweg genannt. Das Kirchliche der Kinderkommunion war schnell vergessen, aber die Erinnerung an den Ball blieb. Die Blagen aus der Nachbarschaft lungerten vor unserer Haustür, um möglichst stundenlang mit meinen Ball pöhlen zu dürfen. Eines Tages war er derart zertreten und ruiniert, dass sogar der Ballwart des Vereins sagte, den könne ich nur noch verbrennen. Von da an wurde ich verscheucht, wenn ich mit den anderen Burschen und deren Ball spielen wollte. Die tiefe Enttäuschung blieb unvergessen.

Es wurden auch schon mal Lumpen zu einer ungefähren Ballform zusammengenäht. Im Winter hatten die Fußballer ihren Spaß mit einer Schweineblase, die nach dem Trocknen mit Luft gefüllt worden war. Mit Blechbüchsen zu kicken, wurde von den Eltern – meist vergeblich – verboten, weil die Schuhe dabei an den Spitzen kaputt gingen. Auch Schuhe waren teuer und daher sehr knapp. Besohlt wurden sie zu Hause vom Vater. Jeder Nachbar hatte dafür ein Dreibein im Haus. Unsere Schuhe waren grob und wurden deshalb Grubenschuhe genannt. Die Väter nagelten an die Spitze eine Stahlkappe, auch unter den Absatz kam Metall. Deshalb hörte sich ein Junge auf dem Asphalt der Straße an wie ein trabendes Pferd. Es ist überliefert, dass Charly Neumann von Schalke 04 wegen der Eisenkappen unter seinen Grubenschuhen während des Pöhlens Hektor gerufen wurde, Pferde hießen oft so.

Später gab es von der Buna in Hüls Bälle aus Gummi. Auf die waren Nähte gebrannt, damit sie Lederbällen ähnlich sahen. Es gab sie in den verschiedensten Farben. Maximal ein Vierteljahr hielt so ein Ball, dann war er von der Eisenkappe eines Schuhs durchbohrt und die Luft für immer entwichen. Wie sehnten wir uns nach den alten Lederbällen, die weiter benutzt werden konnten, wenn die Blase darin so repariert wurde wie der Fahrradschlauch. Weil die Gummibälle von der Buna weniger wogen, war deren Flugbahn nach dem Schuss unberechenbar. Einer sauste ungezielt geschossen in das Verkaufsfenster der Seltersbude, die auch Klümpkesbude hieß. Das Glas darin klirrte. Mit dem Ball in der Hand kam die Seltersfrau hinten aus dem Türchen, baute sich drohend vor ihrem grün gestrichenen hölzernen Häuschen auf und rief drohend: „Wer gehört den Ball?" Offensichtlich niemandem.

Fußballplatz am Schalker Verein, Gelsenkirchen 1982

Stimberg-Stadion in Oer-Erkenschwick mit dem Bergwerk Ewald-Fortsetzung, 1969

Vereinstreffen beim STV Horst Emscher, 1984

Fußballergebnisse per Luftpost

Bedrückend langweilig konnten die Sonntage bei Auswärtsspielen unserer heimischen Elf sein. Noch gab es keine Live-Übertragungen und Konferenzschaltungen von Fußballspielen im Rundfunk, die Ergebnisse wurden erst in den Abendnachrichten gebracht. Fernsehgeräte waren unbekannt. Telefon hatte niemand privat. Aber Brieftauben gab es. Wer mit dem Fahrrad zu einem Auswärtsspiel nach Dortmund oder Horst-Emscher strampelte, hatte auf dem Gepäckträger einen Korb mit Tauben darin. Wer sich mal eine Busreise nach Köln leistete, nahm auch dabei seinen Korb mit Kröppern mit. Wir Kinder standen dann an diesen langweiligen Sonntagen ab 15 Uhr vor dem Haus, in dem Karl-Heinz Zawar mit seinen Eltern wohnte. Niemand nannte ihn Karl-Heinz, er hörte auf den Namen Fänna. Fänna Zawar war Taubenvater. Auch ein guter Züchter. Seine Vögel flogen ihm Gewinne ein, so dass er für das teure Futter nichts mehr aus der Lohntüte drauflegen musste. Wie die meisten im Ort war er Anhänger des Oberligisten aus unserer Heimatgemeinde. In dieser Zeit war die Oberliga Deutschlands höchste Fußballklasse. Nachbarn nahmen zu Auswärtsspielen seine Vögel mit. Fiel ein Tor auf des Gegners Platz, bekam das Tier ein winziges Zettelchen unter den Ring geschoben und wurde aus dem Zuschauerrang nach oben geworfen. Nervös flatterten die Tauben hoch und über das Spielfeld in Richtung Heimat. Dort saß Fänna Zawar abwartend in seinem Schlag unter dem Hausdach.

Wir lungerten vor dem Bergmannshaus gegenüber an einem Lattenzaun und warteten ebenfalls. Wenn dann der erste Kröpper geflogen kam, wurden unsere halblauten Gespräche sofort auf Flüsterton gestellt. Kinderaugen verfolgten die Taube, die, stolz wirkend, trippelnd in dem Schlag verschwand. Sekunden später erschien Fänna Zawars runder Kopf, der wie halslos auf dem Körper saß, in einem Dachfenster. Mit der einen Hand hielt er das Klappfenster hoch, die andere formte er zu einem Rohr, und er rief uns den Spielstand zu. Oft signalisierte schon sein Gesicht, wie es auf des Gegners Platz gerade stand. Sofort rannten die Blagen in die Wohnungen, wo die Eltern beim Kuchen saßen und dabei das Wunschkonzert im Radio hörten, die Meldung wurde hineinposaunt, danach liefen wir zurück und warteten wieder. Fänna Zawar blieb die Nachrichtenzentrale bis nach dem Schlusspfiff.

Der Taubenvater war bekannt als Witzbold. Er soll eine gute Hand für Tiere gehabt haben, seine Vögel mit den Ergebnissen im Ring hatten es immer eilig, in den Schlag zu kommen. Von dem Einzelkind hieß es, es esse jeden Abend ein Stück Fleischwurst; die wurde im Ort „Polnische" genannt. Fänna Zawar war wie alle Burschen und Männer in unserer Straße unter Tage beschäftigt. An einem Karnevalsdienstag ist er auf der Zeche tödlich verunglückt. Aus dem Hangenden war ein riesiger Stein gebrochen, die Bergleute nannten so einen Brocken Sargdeckel.

Prügel am Stimberg

Unser Nachbar Heinz Silvers lief während des Spiels aus dem Strafraum in Richtung rechter Außenlinie. Er war Mittelläufer in der Oberligamannschaft von Erkenschwick. Beide Arme breitete er waagerecht aus, so als wolle er jemanden aufhalten. Heinz Silvers mochte keinen Krawall, sie nannten ihn den Kavalier unserer schwarzroten Bergmannself. Dieses Bemühen des Fußballers, mit seinen Armen eine Sperre zu bilden, hatte ich vom Zuschauerrang beobachtet, den Grund begriff ich kurz danach. Unser Spieler Kalli Matejka lag regungslos mit dem Gesicht nach unten im Bereich der Mittellinie auf dem Spielfeld. Seine Ehefrau hatte sich aus der Masse der Zuschauer an der Barriere gelöst und lief auf den Platz. Heinz Silvers wollte sie stoppen, aber mit einer geschickten Körperdrehung umkurvte sie ihn. In der rechten Hand hielt Friedchen Matejka einen Regenschirm, unüblich mit der Krücke nach vorn. Schnell erreichte sie den gegnerischen Schalker Spieler Paul Matzkowski, der sich von ihr weg drehte und ihr nur den gekrümmten Rücken zuwandte, auf den sie nun jeweils weit ausholend mit dem Schirm schlug. Seine Arme und Hände hatte Paul Matzkowki schützend um den Kopf gelegt. Friedchen Matejka hatte das Urteil über ihn gefällt und unter dem Beifall der heimischen Zuschauer im Stimberg-Stadion sogleich vollstreckt. Heinz Silvers schaute weg.

Den Anlass für die Attacke der Ehefrau erfuhr ich erst später. Kalli Matejka hatte im Punktspiel gegen Schalke 04 zum 1:1 ausgeglichen. Wütend darüber schoss Paul Matzkowski ihm den regennassen und deshalb schweren Ball aus kurzer Entfernung von hinten in die Nieren. Sofort fiel der Getroffene bewusstlos nach vorn. Schwager und Spielführer Jule Ludorf beugte sich nach unten, er sah Blutbläschen in den Mundwinkeln von Kalli Matejka. Während die Frau unter dem Gejohle von vielleicht 20.000 Zuschauern ihren Regenschirm als Rute einsetzte, lief der Schalker Sandmann auf die Prügelnde zu, wohl um seinem königsblauen Kameraden zu helfen, der sich nicht wehrte. Friedchen Matejka erreichte er aber nicht, er lief voll in einen Faustschlag von Jule Ludorf. Nun sackte der Schalker bewusstlos zu Boden, auch hier ein Unentschieden.

Mehrere unserer Spieler führten die schwer atmende Frau von Kalli Matejka zurück in den Zuschauerbereich zur Gegengeraden; Sicherheitszäune waren noch unbekannt. Verständlich, dass bei diesen Turbulenzen das Spiel vom Schiedsrichter unterbrochen worden war. Nach zehn dramatischen Minuten wurde die Begegnung dann aber fortgesetzt, also wieder angepfiffen. Kalli Matejka und Sandmann spielten weiter. Es blieb beim 1:1. Später vor dem Sportgericht in Hamm behauptete Jule Ludorf, er habe wegen des Ausgleichs vor Freude die Arme hochgerissen, da sei ihm der Schalker in die Faust gelaufen. Schalke zog die Klage zurück. Beide Clubs teilten sich die Kosten des Verfahrens.

Als am Montag die Zeitung eine Karikatur brachte mit dem Titel „Stimberggeflüster", bei der aus einem keilenden Menschenknäuel ein Regenschirm herausragte, zerknüllte unser Nachbar Ewald Heumüller das Blatt und warf es in den Ofen der Marke Küppersbusch. Er bestellte die Lokalzeitung „mit sofortiger Wirkung" ab.

Bergwerk Haard in Oer-Erkenschwick, 1983

Oberhausen-Sterkrade, 1974

*Zeche
Carolinenglück,
Bochum 1982*

*Zeche
Holland,
Bochum 1987*

Zeche Pluto, Herne 1974

Zeche Wilhelmine
Victoria,
Gelsenkirchen 1982

Kokerei Hugo,
Gelsenkirchen 1968

Kaleika am Heiligen Abend

Weihnachten und der Heilige Abend spielen in der Erinnerung wegen der Geschenke eine wichtige Rolle. Doch meist gab es an diesen Tagen „Kaleika", was in der Gegenwart Stress genannt wird. Die Mütter schufteten zur Vorbereitung des Festes an ihren Küppersbusch-Herden. Das Kaninchen war geschlachtet, sein Fleisch lag in saurer Milch. Der Topf mit dem Karnickelbraten für den ersten Feiertag wurde auf die marmorne Platte des so genannten Waschtisches – einer Kommode – im Schlafzimmer gestellt. In dem Raum war es im Winter garantiert kalt. Kühlschränke kannten wir nicht. Bei diesen Arbeiten der Mütter störten die Männer und größeren Kinder. Die Nachbarmänner und der Vater verzogen sich deshalb am Vormittag des Heiligen Abends in eine Gaststätte, die von den Müttern schimpfend Spelunke genannt wurde. Mittags hatten einige den Kaffee auf, das heißt, sie waren leicht betrunken. Zum Essen kamen Würstchen mit Kartoffelsalat auf den Tisch. Danach sollte der Weihnachtsbaum geschmückt werden. Oft war er zu hoch gewachsen für die kleine Wohnung. Es wurde erzählt, so mancher Vater habe ihn mit einem Beil oder einer Säge in der Küche aus Versehen oder wegen des Suffs dermaßen gekürzt, dass er am Ende die Höhe eines Blumenstraußes hatte. Beim Schmücken des Restes wurden noch einige „Pinkes" Deputatschnaps getrunken. Wer unter Tage schuftete, bekam vom Pütt zu seinem Lohn zusätzlich eine Flasche Schnaps als Sachleistung. Bergarbeitern standen auch pro Jahr fünf Tonnen Hausbrandkohle als Deputat zu; die Angestellten bekamen acht. Über einige Nachbarn hieß es nach Weihnachten, beim Aufsetzen der Schmuckspitze auf die Krone des Baumes seien sie in die Tanne gefallen und mit ihr im Arm unsanft auf dem Wohnungsboden gelandet. Die Mütter waren schlecht gelaunt. Am Tag des Friedens bekam der eine oder andere auch mal eine „geschallert". Manche Kinder hatten nicht nur wegen der Vorfreude rote Ohren. Ein Nachbar brannte schwarz in seinem Keller aus Rüben Schnaps. Schon gegen 14 Uhr waren die von nebenan in Weihnachtsstimmung, sie sangen von dem Kinderlein, das da kommen möge. Vorwurfsvoll giftete meine Mutter gegen den Vater: „Da ist noch Familienleben." Um 17 Uhr waren einige Nachbarn beim Nachbarn, weil sein Selbstgebrauter in der Siedlung als Tipp galt. Die Wohnung war gefüllt mit Männern wie eine gut florierende Kneipe. Spätestens um 18 Uhr waren deren Gassenhauer in unserer Wohnung zu hören: *Anneliese, ach Anneliese...* „Hörst du, da ist noch Familienleben", höhnte mein Vater jedes Jahr. Die Geschenke am Abend waren karg. Mein Bruder hatte im Betrieb aus einem Brett ein Holzpferdchen gesägt und es schwarzweiß angestrichen. Ein Bursche von nebenan bekam eine Eisenbahn aus Holz. Die wurde von den Eltern kurz nach Weihnachten im Kleiderschrank versteckt. Zum nächsten Heiligabend bekam der freundliche Junge sie erneut vom „Christkind", aber anders gestrichen. Das merkte er mehrere Jahre nicht. Wir alle erzählten wenige Tage nach Weihnachten, wie schön das Fest der Liebe gewesen sei. Und dann kamen eines Tages vor der Mittagszeit zwei Polizisten und trugen im Triumph wie Indianer einen Skalp die Geräte davon, mit denen unser Nachbar den Schnaps gebraut hatte.

Am ersten Feiertag arbeitete so mancher Vater, denn es gab doppelten Lohn, „richtiges Geld" hieß es. Einen Tag später trafen sich die Verwandten. Tante Mimi oder Meta galten als die ungekrönten Familienoberhäupter, ihre Wohnungen waren die Treffpunkte. Eine Tante konnte nur platt küren, mied den Knappschaftsarzt und ging zu der Heilpraktikerin Frau Kruse. Eine galt als besonders rabiat, deshalb wurde sie auch Obertante genannt. Bei der versammelten sich die Verwandten zu Kartoffelsalat mit Rindfleisch, Gurken und hart gekochten Eiern. Als Kampftrinker galten Onkel Max von der Zeche Shamrock in Herne und sein Konkurrent Onkel Norbert von der Hütte, der später deshalb Pförtner bei Krupp wurde, weil ihm der rechte Arm an einer Starkstromleitung „abhanden gekommen war". Nach seinen verklärenden Erzählungen muss „ganz früher" die Zeche Gneisenau ein Arbeiterparadies gewesen sein, wie die anderen maulten. Ein Onkel höhnte einmal, aus den meisten Schächten zögen verbrauchte Wetter nach über Tage, aber auf der Zeche Gneisenau sei das Weihrauch. Die Männer nutzten die Zeit der Vorbereitung des Essens für die Verkostung der verschiedensten Biersorten, wobei jeder schwor, seine Marke sei die beste. Thierbräu gegen Krone, Schlegel kontra DAB, Union als Glaubensbekenntnis vor Königs-Pilsner. Ein Dortmunder Junge las als ersten zusammenhängenden Text den Werbespruch an der Wand des Hauses gegenüber: *Hansa-Pils, Hansa-Export – labt nach Arbeit und nach Sport.* Wer in der Gaststätte ein Export wünschte, bestellte ein „Helles".

Nach dem Essen gab es Doppelkorn, Aufgesetzten und Eierlikör aus eigener Produktion. Wobei die Frauen immer auf den Putz hauten, wie viele Eier darein gerührt worden seien, was die Männer in jedem Jahr erneut mit den alten Zoten bedachten, die wir Kinder aber nicht begriffen. Nur wenn die Frauen Swiniak oder altes Ferkel riefen, ahnten wir, das Gesagte war eine Sauerei. Als Prunkstücke der Frauen galten ihre Buttercremetorten. Nach dem Kaffee wurde erneut getankt, vor dem Kartoffelsalat mit Würstchen zum Abend kam es zu ersten Krächen unter den Männern. Die Kinder wurden dann angeherrscht, sie möchten gefälligst mit den Geschenken vom Christkind spielen. Wenn jemand abrupt aufsprang, zu seiner Frau nur „komm" rief, dann waren wir sicher, mit diesem Verwandten würde erst wieder beim nächsten Treffen am zweiten Weihnachtsfeiertag in einem Jahr geredet.

Zeche Jakobi, Oberhausen 1982

Zwischen Bottrop und Essen, 1981

Schlittenfahrt auf einer Halde in Bottrop, 1981

Blick auf Prosper III, Bottrop 1987

Bergwerk Haus Aden,
Zeche Grimberg 3/4, Bergkamen 1987

Zeche Neu-Monopol, Bergkamen 1986

Kawenzmänner, Steißtrommler und Schweinepriester

„Starri hat heute wieder Kaleika gemacht." Das hieß für Kinder und Erwachsene in der Arbeiterkolonie, der Alte, sprich Vater, hat geschimpft oder mit der Familie gestritten. Starri kommt aus dem Polnischen und Tschechischen und heißt Alter, Starri Swiniak schlicht altes Schwein. Kaleika wird ebenfalls der polnischen Sprache zugeschrieben, bedeutete bei uns Krach, laut sein, schimpfen. Im Deutschen gibt es nur vier Fälle, aber oft lagen wir bei ihrer Anwendung daneben. Schlechtes Deutsch sprächen wir, rügte meist der Pauker, den die Eltern auch Steißtrommler nannten. Doch wir hatten unter uns eine sehr differenzierte Ausdruckweise, mit Begriffen aus verschiedensten Ländern und Regionen, ob Französisch, Jiddisch, Polnisch …, unsere Sprache war offen für andere Einflüsse.

Allein für die grobe Charakterisierung von Personen gab es viele, für andere Gegenden Deutschlands unübliche Ausdrücke. Ein Kind stand unter dem Oberbegriff Blage; ein kleiner Junge war eine Kröte; der größere Bursche, so ab zwölf, wurde Bahlan gerufen. Ein Bahlan lief nicht etwa, der Bahlan rengsterte durch die Gegend. Wenn der Mann sich nach dem halbstarken Alter mit viel Getue darstellte, war er ein Seeger. Sagte jemand, jener Bursche sei der Macker von einer Frau, war er das, was die 68er den Stammzahn nannten. Wurde er als Stenz bezeichnet, so hieß das, der nimmt es mit der Treue nicht so genau. Als noch schlimmer galt der Schamster. Der Schamster ging über die Dörfer, was hieß, der zupfte an jedem Rockzipfel. Die negative Spitze war der Ganeff von einer. Umschrieben wurde auch die Aktivität des Ganeffs mit: Der grapscht nach allen Frauen, die nicht rechtzeitig auf einen Baum entfliehen konnten. Im Jiddischen heißt Ganeff nur Schwiegersohn, bei uns galt der als Pfui Deibel. Das Töchterchen wurde als Kind von anderen Schickse genannt, danach Ische; war sie später leichtlebig oder unschwer zugänglich, galt sie als Phose. Schickse stammt aus dem Jiddischen als Ausdruck für eine Christin. Eine alte Frau war eine Schabracke oder Schrappnelda. Eine unziemliche Beziehung zu einer Verheirateten nannten wir KRösken. Das kommt wohl aus dem Westfälischen.

Ein hohes Lob bedeutete die Bezeichnung als Schuwiak, Schweinepriester oder nur Sauhund. Ein Döskopp, was wohl aus dem Westfälischen stammt, war ein Dummkopf. Dösig hieß zerstreut, rammdösig nervös. Wurde einem Menschen zugesetzt, bat der gelegentlich: „Mach mich doch nicht rammdösig." Ein Angeber strunzte. Über einen Mann im selben Haus sagte meine Mutter wiederholt verächtlich, „der hat eine strunzige Olle", also eine angeberische Ehefrau. Ein Geizkragen war schrappig. Was in der Gegenwart Gene genannt wird, also das Erbgut, beschrieben unsere Eltern als „das liegt inne Pöste"; da war nichts zu machen, das hatte er oder die von den Alten.

Auch das damals schon geliebte Auto wurde von uns nicht nach PS eingeteilt, das machte der Händler. Wer über die Nuckelpinne des Nachbarn sprach, meinte dessen Kleinwagen. Karre galt als Mittelklasse, ein Schlitten rauschte in der Gruppe Mercedes oder Opel-Admiral. Beim Ami-Schlitten klang ein wenig Verachtung mit.

Starris Kaleika bedeutete die höchste Alarmstufe, denn Kaleika hieß Krach im Haus. War er blau, hatte Starri „den Kaffee auf". Randalierte er danach, setzte Starri die Möbel gerade. Angst nicht nur vor Starri hieß Manschetten haben. Ärger wurde angekündigt, es gebe Malessen. Ein Unglück war ein Malheur, das Opfer hatte sich verkröpft statt verletzt. Aber Kröpper hieß wiederum Taube. Den Kater schimpften die Menschen einen Bolz, einen größeren Hund Rühr. Köter war ziemlich unbekannt. Ging eine Frau zu lange zu ihrer Nachbarin, um mit der zu reden, so hieß es abfällig, die sei plachandern. Wer unkonkret sprach, laberte oder sabbelte. Und die Blagen spielten nicht Fußball, sie pöhlten. Hart zuschlagen wurde wämsen genannt. Deshalb hieß es nach einem Spiel oft, die Gegner hätten „ganz schön gewämst". Wer das Gesicht eingeschlagen bekam, dem war „die Fresse poliert" worden. Schikanieren hieß kujonieren. Wer nicht krank war, sich aber einen Krankenschein nahm, der schob eine Phiole. Ein schwacher Kaffee wurde als Placke bemängelt. Ein Gläschen Schnaps war ein Pinken. Den Pferdemetzger nannten die Menschen Perdskarl. Ein dicker Hammer wurde als Motteck bezeichnet. Andere Orte wurden als Walachei diffamiert. Regnete es stark, hieß es wie im nahen Münsterland, es plästert. Über Nieselregen sagten wir, es fieselt.

Einen strammen Kinderpopo beschrieben die stolzen Eltern als Podex. Ein kräftiger Frauenhintern war die Fott. Wohl deshalb sangen Betrunkene: *Ne Hacke, ne Schüppe, ne dicke Weiberfott, die machen uns kapott, die machen uns kapott.* Fotkeln aber bedeutete, zum Beispiel einen Zaun umständlich und unfachmännisch zu reparieren, sich mit Kleinigkeiten zu beschäftigen. „Was fotkelst du da herum?"

Bei Fremdwörtern wurde oft sicher daneben gegriffen, weil die Menschen sie lebensnah interpretierten. War eine Hecke zertreten, meldete die Nachbarin, die sei rampoliert worden. Aus Fresse polieren und ramponieren war rampolieren geboren worden. In unserer Kindheit gehörten französische Ausdrücke zur Alltagssprache. Den Bürgersteig führten die Nazis ein, trotzdem sprachen die Eltern weiter vom Trottoir. Nicht immer ganz korrekt. Trottoir hieß auch Tretual, weil meine Mutter meinte, der Begriff sei davon abgeleitet, dass Menschen darauf treten. Ein anderer sagte Trottual, nur Trottel würden darauf gehen. Auf der breiten Straße fuhren keine Autos, also war es doch bequemer dort zu laufen; nur die Trottel taten das nicht.

Gelegentlich hatten dieselben Wörter völlig verschiedene Bedeutungen. Die beiden gebackenen Enden am Brotlaib hießen Knapp. Ein steiler Berg war aber auch ein Knapp, untertage arbeitete ein Bergmann am Knapp. Die Lipper nennen den Knapp am Brot Knust. Unter älteren Kleidern und Anzügen verstanden die Menschen in unserer Kinderzeit Plünnen. „Der hat den ganzen Kleiderschrank nur voll mit Plünnen." Plünnen waren aber auch Klamotten. Entgleiste unter Tage eine Grubenbahn, lief ein Kohlenband über oder brach etwas ein, rief der Bergmann „Klamotten". Klamotten im Bergbau werden im Hochdeutschen als Pannen oder Betriebsstörung bezeichnet. Aus dem Westfälischen stammte der Ausdruck Buchse (Buxe) für den Schlüpfer einer jungen Frau. Ein Kawenzmann konnte ein kräftiger Mann sein, aber auch ein dicker Stein in der Mächtigkeit eines Findlings. Etwas kleiner als der Kawenzmann war ein Brackmann. „Da haben wir aber die Brackmänner geschleppt." Die Maloche als Ausdruck für Arbeit war im Laufe der Jahre über das Revier hinaus bekannt geworden. Wer aber intensiv und schwer malochen musste, der wulackte. Wulacken blieb ein Wort unserer Region.

Zeche General Blumenthal,
Recklinghausen 1987

Zeche König Ludwig 4/5,
Recklinghausen 1970

74

Zeche Matthias Stinnes, Gladbeck 1982

Bergwerk Minister Achenbach, Lünen 1987

Zeche Heinrich Robert, Hamm 1990

Zeche Radbod, Hamm 1983

Geschichten aus der Ferne

Vom Werk oder Pütt wurden Urlaube angeboten. Nach Kämpfen ihrer Gewerkschaft hatten die Väter nun zwei Wochen Urlaub, der Tarifurlaub genannt wurde. Sie fuhren gemeinsam mit Arbeitskollegen und den Ehefrauen in Bussen an den Main oder wurden zur Nordsee transportiert. In meist größeren Unterkünften mit mehreren Betten in einem Raum oder preiswerten Pensionen erlebten viele Alte ihre ersten Urlaube außerhalb der Wohnsiedlung. Einige hatten zuvor noch nie ein Meer gesehen. Die Männer kannten andere Gegenden als das Ruhrgebiet aus ihrer Zeit beim Barras. Wehrmacht sagte kaum einer. Ob es die plötzliche Lebenslust war oder die Luftveränderung, konnte nicht ermittelt werden, aber einige abgearbeitete Männer starben in ihrem ersten Urlaub.

Es war die Zeit, als sich manche Nachbarn gebrauchte VW anschafften und darin sonntags an den Kanal fuhren oder zur Cranger Kirmes. Kaufte ein Arbeiter sich einen größeren Wagen, Opel oder Ford, dann hieß sein Karren nur Margarine-Auto. Weil die kargen Einkommen bekannt waren, konnten die Arbeitskollegen ausrechnen, dass wegen des Wagens am Essen gespart werden musste. Butter, gute Butter genannt, konnte die Familie sich nicht mehr leisten, nur noch Margarine.

Jüngere starteten ihre erste Urlaubstour nach Süddeutschland auf dem Motorrad, das kleine Zelt hinten aufgepackt. Sie erzählten uns Blagen spannende Geschichten: Wenn sie bei Regen stundenlang unter Autobahnbrücken stehen mussten, als sie sich bei Ulm verfahren hatten ...

Ulm, sie hätten auch Honolulu oder irgendein selbst erfundenes Wort sagen können, es wäre für die Zuhörer ebenso fremd, der Ort ebenso unbekannt oder unvorstellbar gewesen wie Ulm. Motorroller lösten die Jahre zuvor gekauften Motorräder ab. Von Touren mit dem Zelt im Gepäck gen Süden, was Bayern oder sogar schon mal Norditalien hieß, träumten sie am Arbeitsplatz. Die ersten Urlaubsreisen mit der Bahn standen in Katalogen. Sie hörten von Spanien, einige flogen dann nach Mallorca. Ein kräftiger Mann im ersten Haus in unserer Straße spielte im Toto mit dem Ziel, sich einen „Bunkaloff" auf „Machorka" zu kaufen. Um an dieses Geld zu kommen, tippte er bei einigen Spielen sogar auf Niederlagen unseres Clubs.

In dieser Zeit wurden die Haustiere abgeschafft. Viele hielten kein Schwein mehr, in unserer Gegend eröffneten mehr Metzgerläden. Eier kaufte die Mutter im Lebensmittelladen oder beim Landwirt. Der Milchbauer durfte nicht mehr aus seinem Auto verkaufen, seine Ware musste er stationär in einem Geschäft anbieten. In den Hühnerställen wuchs Gras. Es blieben die Hühner- und Karnickelzüchter, die sich in Vereinen organisierten. Lediglich Taubenväter verzichteten auf Urlaube. Aber es waren auch nicht mehr so viele, die an den Sonntagen vor den Häusern auf die Heimkehr ihrer Kröpper warteten. Den ersten Kuss gab es für manches Mädchen hinter dem Stall, denn es bestand nicht mehr die Gefahr, vom Vater überrascht zu werden, weil der am Abend noch die Tiere füttern musste.

*Am Rhein-Herne-Kanal,
Herne 1970*

*Kirmes an der Hütte in
Duisburg-Bruckhausen,
1969*

Duisburg-Hamborn, 1969